Felix R. Paturi

Didgeridoos

Heilende Musik von Mutter Erde

LUDWIG

Inhalt

*Das Mundstück – hier
eines aus Wachs – ist
entscheidend für einen
optimalen Klang.*

Heilen mit dem Didgeridoo — 44

Woolybutt-Holz, Bambus oder PVC? — 62

Yiki-Yiki, Malimbas und Didjeribones — 74

Augen auf beim Didj-Kauf — 78

Das Didgeridoo ist eine Trompete — 80

Übung macht den Meister — 86

Historische Studien gehen davon aus, dass die ersten Didgeridoos aus dem verhältnismäßig leichten Bambus und nicht aus Holz gefertigt waren.

Vorwort

Kontroversen um ein einfaches Rohr

Wohl kein zweites Musikinstrument der Welt hat lokal und international so heftige Diskussionen entfacht wie das Didgeridoo. Meinung steht unversöhnlich gegen Meinung, und das nicht nur in zwei getrennten Lagern, sondern gleich in vier oder mehr. Dabei geht es um zentrale Werte und Probleme der Menschheit: um religiösen Glauben, kulturelle Identität, uralte Tradition, geschlechtsspezifische Spielverbote, Rassendiskriminierung, Völkerverständigung, Kommerz und nicht zuletzt um die Auseinandersetzung zwischen Industriegesellschaft und der globalen New-Age-Bewegung mit ihrem neuen Verständnis für Spiritualität. Angereichert sind diese Auseinandersetzungen zudem mit einer gehörigen Portion politischer Brisanz.

Die lebhafte Diskussion um das Didgeridoo ist erst wenige Jahre alt. Noch Anfang der achtziger war das Instrument international allenfalls Ethnologen und Musikwissenschaftlern bekannt und hatte bei ihnen kein besonders hohes Ansehen.

Für die einen ist das Didgeridoo das verehrungswürdige Kultobjekt eines traditionell erdverbundenen Stammesvolkes, für die anderen im wahrsten Sinn des Wortes eine Rockröhre mit »irrem Sound«. Manche sehen darin ein bloßes Begleit- und Unterhaltungsinstrument, andere ein spirituelles Wesen mit eigener Persönlichkeit, das sie als Seelenhelfer und Lehrer empfinden, der sie behutsam in andere Realitätsebenen führt. Wieder andere betrachten das Didgeridoo als ebenso vielseitiges wie wirkungsvolles Therapiegerät. Und auch als Ikone für politische Bewegungen steht es hoch im Kurs. Die nicht abreißenden heftigen Diskussionen um das Didgeridoo wären nicht denkbar, wenn nicht alle unterschiedlichen Meinungen über dieses Instrument in irgendeiner Weise zuträfen und wenn nicht alle kontroversen Meinungsvertreter ihr Didgeridoo lieben würden – natürlich jeder auf seine Weise.

Die sehr unterschiedlichen Möglichkeiten, mit dem Didgeridoo umzugehen, zeigen eindrücklich, wie erstaunlich vielseitig dieses ungewöhnliche Musikinstrument mit seinem markanten Klang ist.

Kultobjekt aus Holz, Bambus oder PVC

Der Gegenstand, um den es bei alledem geht, ist im Grunde nichts anderes als ein rund 1,3 Meter langes Rohr aus Holz oder Bambus oder neuerdings auch aus einem halben Dutzend anderer Materialien: PVC- oder ABS-Kunststoff, Plexiglas, Glas, Pappkarton, Stahlblech … Im einfachsten Fall genügt eine simple Wasserabflussleitung oder ein altes Autoauspuffrohr. Auch sie werden durch ihre Umfunktionierung im Handumdrehen zu Kultobjekten.

Noch 1960 kannte außerhalb Australiens neben einigen Ethnologen und Missionaren kaum irgendjemand auf der Welt das Didgeridoo. Heute exportiert der Kontinent der Kängurus und Bumerangs jährlich mehrere Hunderttausend davon, vor allem in die USA und nach Europa. Das Klangrohr ist zu einer neuen australischen Ikone geworden.

Schon schicken sich auch südostasiatische Billighersteller an, europäische Märkte mit Didgeridoos zu überfluten, schon entstehen in den USA und in Deutschland Produktionsstätten für Qualitätsrohre. Gewiss, noch nicht jeder Europäer kennt heute das Didgeridoo, doch wer es einmal gehört hat, der vergisst seinen unverwechselbaren Klang nicht mehr, den zieht es in seinen Bann. Und so wird der Siegeszug des Didgeridoos nicht mehr aufzuhalten sein.

Das Schönste dabei ist: Bei den oft beschworenen Fähigkeiten des Didgeridoos, meditative Zustände zu unterstützen oder gar einzuleiten, neue spirituelle Erkenntnisse zu ermöglichen und zahlreiche psychische wie körperliche Leiden günstig zu beeinflussen und sogar zu heilen, handelt es sich nicht um Legenden oder Gerüchte. All das vermag die australische Wunderröhre tatsächlich, wenn man entsprechend mit ihr umgeht. Wie das möglich ist, davon berichtet dieses Buch ebenso wie über die spannenden kulturhistorischen und aktuellen Hintergründe des New-Age-Kultinstruments. Und natürlich fehlt es nicht an einer ausführlichen Spielanleitung und zahlreichen Hinweisen, wie man auf einfache Weise aus unterschiedlichen Materialien selbst Didgeridoos herstellen und mit ihnen die Klangeigenheiten von Bambus, Glas, PVC usw. kennen lernen kann.

Bei neueren Umfragen in den USA, was nach Meinung der Interviewten das bekannteste Symbol Australiens sei, errang das Didgeridoo nach den Kängurus Platz zwei – noch vor dem Bumerang.

Es nennt sich selbst Didgeridoo

Eigentlich heißt das Didgeridoo (auch die Schreibweise »Didjeridu« ist üblich) gar nicht Didgeridoo, sondern »yiraki« (Betonung auf der ersten Silbe) oder »yidaki«. Doch auch das sind nur zwei von vielen Bezeichnungen. Daneben nennt man es »eboro«, »ebero«, »ebroo«, »yiki-yiki«, »jiragi«, »ubar«, »uwar«, »uluru«, »ulpirra«, »ilpirra«, »lhambilgbilg«, »kanbi« oder »ganbi«, »ganbag« und auch »djalupi«.

Zu Hause im Norden Australiens

Die vielen unterschiedlichen Bezeichnungen weisen nicht etwa darauf hin, dass sich Australiens Eingeborene, die wir Aborigines nennen, darüber uneins wären, wie sie ihr Musikrohr denn nun nennen sollten; sie belegen nur, dass es die Aborigines als geschlossene Einheit gar nicht gibt, sondern dass es sich sogar heute noch um rund 100 verschiedene Volksgemeinschaften handelt, die alle unterschiedliche Sprachen sprechen. Und diese etwa 100 sehr eigenständigen Stämme sind nur ein bescheidener Rest von einstmals mehreren Hundert. In beinahe jeder Stammessprache hat das Didgeridoo einen eigenen Namen, während das exotisch anmutende Wort »Didgeridoo« selbst europäischen Ursprungs ist.

Gilt das Instrument heute als typisch australisch, so war es das ursprünglich keineswegs. Seine geographische Verbreitung war noch bis vor wenigen Jahrzehnten recht begrenzt. Gespielt wurde es lediglich im Norden Australiens, von Roebourne im Westen durch das Kimberleygebiet und die Arnhemlandhalbinsel bis nach Cape York und Queensland. Die traditionellen Schwerpunkte lagen und liegen noch heute besonders in Kimberley und Arnhemland (siehe Karte in der Innenklappe).

Das Didgeridoo hat seinen Namen um die Jahrhundertwende von Missionaren bekommen. Sie imitierten die Laute, die es von sich gab. Geübte Spieler entlocken dem Instrument auch andere Kunstwörter wie »titjorudu«, »umbudidaja«, »didjamoo« oder »ritoru«.

In Arnhemland pflegen seine Tradition in erster Linie die Stämme der Yuulngu und benachbarte ethnische Gruppen wie die Nunggubuyu und die Enindilyakwa.

Verwandte des Didgeridoos

Früher gab es auch in anderen als den nördlichen Gebieten zumindest didgeridooähnliche Instrumente. Eine nur rund 60 Zentimeter lange, trompetenartige Röhre mit der Bezeichnung »ilpirra« oder »ulpirra« beschrieben 1899 die Ethnologen Spencer und Gillen für Zentralaustralien. Junggesellen setzten sie damals als magisches Instrument ein, um Ehefrauen zu finden. Bei den ebenfalls zentralaustralischen Aranda waren um 1900 das »tjurunga ulburu« und das »karakara« als kürzere Didgeridoo-Abarten bekannt. Derselbe Stamm spielte auch die tief tönende Holztrompete »ulbura«. Die Waramunga kannten ebenfalls einfache Holz- und Bambustrompeten.

Die einstige Beschränkung des Instruments auf die nördlichen Gebiete Australiens liegt in der größeren Musikalität der einheimischen Bevölkerung dieser Regionen begründet. Von 30 typisch australischen Instrumenten stammen etwa 75 Prozent von dort.

Frisch »geerntete« Didgeridoo-Rohlinge aus den von Termiten ausgefressenen »Stringy-bark«-Stämmen in Arnhemland.

7

Ganz sicher aber fanden sich Didgeridoos oder ähnliche Instrumente niemals im Südosten, Süden oder Südwesten des Kontinents. Das Didgeridoo konnte noch vor kurzem keine panaustralische Bedeutung für sich beanspruchen. Die Stammesnamen des Didgeridoos haben unterschiedliche Bedeutungen. Manche spielen auf Tiere an, z. B. auf den Hals einer Giftschlange oder des australischen Straußenvogels Emu. Andere bedeuten so viel wie »Kehle« und berufen sich wohl auf die kehligen Laute, die Didgeridoos von sich geben können. Für das westliche Victoria sehen Sprachforscher Zusammenhänge zwischen den lokalen Bezeichnungen mit dem Wort »gilbir« (sprechen, erzählen, Sprache, Geschichte) und »ma-gilbiran« (be- oder verzaubern, verwünschen). Und schließlich bedeuten die verwandten Wörter »kalpiran« oder »kaprina« so viel wie »der Tote«, »die Seele des Vestorbenen«, »der Geist«.

Noch vor wenigen Jahren äußerten sich sogar prominente Musikethnologen wie J. Schäfer negativ über das Didgeridoo und schrieben ihm die Erzeugung unangenehmer Geräusche »irgendwo zwischen Froschgekrächz und Pferdeschnauben« zu.

Bedeutung im Alltag

Diese Vielfältigkeit weist auf die unterschiedlichen Bedeutungen des Didgeridoos im Alltag hin: Es steht für Tiere, es steht für das Erzählen, es steht für das Magische und Mystische. Auf diesen recht unterschiedlichen Gebieten wird die Rohrtrompete auch praktisch eingesetzt, und zwar als reines Unterhaltungsinstrument, als Mittel zum Beschreiben der Natur, des Busches und seiner Tiere (das Didgeridoo kann Tierstimmen imitieren) und als rituelles Instrument bei sakralen Feierlichkeiten wie Initiationsriten oder Bestattungszeremonien. Auch bei religiösen Geheimversammlungen wird es gespielt. Und dafür hat es bei den Yuulngu und Djalambu einen eigenen spirituellen Namen: »djalupu«.

Wurzeln in der Vorzeit

Australische Eingeborene betonen heute gern, das Didgeridoo sei so alt wie ihre Kultur, und die reicht nachweislich mindestens 30 bis 40 Jahrtausende, möglicherweise noch wesentlich weiter zurück. Belegen lässt

In die Zeit von etwa 1000 bis 3000 Jahren vor unserer Zeitrechnung fallen die ersten Felsbilderdarstellungen von Didgeridoo-Spielern.

sich der Gebrauch der vielseitigen Rohrtrompete aber »erst« seit etwa 1000 bis 3000 Jahren.

Weil Holz- oder auch Bambusinstrumente selbst in der Trockenheit des australischen Busches nicht viele Jahrhunderte überleben, ist der Archäologe auf indirekte Beweise für deren Existenz in früheren Zeiten angewiesen. Die finden sich in der Gestalt alter Felsbilder, die Didgeridoo-Spieler zeigen.

Erst 1977 gelang es G. Chaloupka, die Veränderung der Felsbildinhalte mit der geologischen, klimatologischen, zoologischen und botanischen Vorgeschichte Australiens zu synchronisieren. Danach unterscheidet er drei wichtige Epochen: die »prä-estuarine«, die »post-estuarine« und die »post-contact«-Periode.

Mit »estuarin« bezeichnet der Geomorphologe eine Epoche, in der sich flache küstennahe Meeresbecken, also Lagunen und Gezeitenflussmündungen, bilden. In Australien entstanden solche Bedingungen durch einen globalen Anstieg des Meeresspiegels vor etwa 7000 bis 9000 Jahren. Mit dem Erscheinen der seichten küstennahen Salzwasser- und Brackwasserlagunen veränderten sich die Pflanzen- und die Tierwelt. Salzwasserkrokodile und die charakteristischen Barramundafische

Die Datierung der australischen Felsbilder war sehr schwierig, da sie sich über den gesamten prähistorischen und historischen Zeitraum erstrecken.

bevölkerten die Becken. Als Jahrtausende später Süßwasser die ehemaligen Meereslagunen füllte und das Salzwasser ersetzte, entstanden Brutplätze für viele Wildgänse- und Entenarten und andere Wasservögel. Auch Pflanzen wie die Rote Lilie erschienen. In dieser Zeit, etwa 1000 bis 3000 Jahre vor unserer Zeit, zeigen die Felsbilder Gänsejäger mit leichten Bambusspeeren und Gänsefederfächern. Dafür verschwinden die früher häufig anzutreffenden Bumerangdarstellungen. Genau in diese Zeit fallen die ersten Felsbilddarstellungen von Didgeridoo-Spielern.

Bambusrohre tönen bei gleicher Länge meist etwas tiefer als Eukalyptus-Didgeridoos, weil sie ziemlich genau zylindrisch, also kaum konisch sind.

Es begann mit Bambusrohren

Vieles weist darauf hin, dass diese ersten Didgeridoos nicht aus Holz, sondern aus Bambus gefertigt waren. Die Archäologen deuten u.a. die auf die Rohre gezeichneten Ringmuster in diese Richtung. Auch heute werden Bambus-Didgeridoos oft an den Stellen mit Ringen bemalt, an denen sich die natürlichen »Knoten« (Nodien) des Riesengrases befinden. Aber auch die Leichtigkeit, mit der einige Spieler auf den Felsbildern ihre Instrumente – manchmal mit nur einer Hand – halten, lässt annehmen, dass es sich nicht um schwere Holzrohre handeln konnte.

In Europas einzigem Bambuswald, Prafrance in Südfrankreich, wächst Phyllostachys pubenscens, *eine Art, die sich hervorragend für Didgeridoos eignet und auch in Deutschland winterhart ist.*

Überhaupt scheint Bambus noch im 19. Jahrhundert das wichtigste, wenn nicht sogar das einzige Material gewesen zu sein, aus dem die Aborigines Didgeridoos fertigten. Noch heute ist vielfach von »bamboo« die Rede, wenn Sprecher verschiedener Eingeborenensprachen sich über das Didgeridoo unterhalten. Sie verwenden dabei für die stammesübergreifende Verständigung das englische Wort für Bambus. Wann die heute in Europa als Prototyp des Didgeridoos angesehenen Eukalyptusrohre in Gebrauch kamen, lässt sich nicht mit Sicherheit sagen. Vielleicht gibt es sie noch gar nicht sehr lange.

Bambus-Didgeridoos lassen sich sehr einfach herstellen. Man braucht kaum mehr zu tun, als ein geeignetes Rohr abzuschneiden und die sein Inneres unterteilenden Trennwände herauszustoßen. Schon kann man darauf spielen. Ist es am Mundende zu weit, muss man noch etwas verengen. Das geschieht sehr einfach mit einem Mundstück aus angeknetetem Bienenwachs oder einem gummiartigen Baumharz.

Eukalyptusrohre werden »geerntet«

Kaum komplizierter ist die Herstellung eines Eukalyptus-Didgeridoos. Im Grunde wird es überhaupt nicht angefertigt, sondern im Busch gesucht. Eine weit verbreitete australische Termitenart baut nämlich in fehlwüchsigen Ästen bestimmter Eukalyptusarten Nester und frisst die Äste innen aus. Man braucht nur den Ast von seiner Rinde zu befreien, ein Wachsmundstück anzubringen und eventuell das Ausblasende mit einem Messer etwas trichterförmig zu erweitern.

In erster Linie zur Unterhaltung

Weit verbreitet ist heute sowohl in Australien selbst wie auch in Übersee die Meinung, das Didgeridoo sei von alters her in erster Linie ein ehrwürdiges Kultinstrument gewesen, dessen bloßer Klang den Menschen spirituell mit der Traumzeit verbindet und mit ihr in Einklang bringt.

Klangfarbe und Qualität eines Didgeridoos aus Eukalyptusrohr werden entscheidend vom Grad des Ausfressens durch Termiten, von der Feinheit der inneren Oberflächenstruktur und von der Wandstärke des Didgeridoos beeinflusst.

11

Das trifft nicht zu. Primär war und ist die Rohrtrompete in ihren nordaustralischen Ursprungsgebieten ein Unterhaltungsinstrument wie zahlreiche andere einheimische Musikinstrumente (Klangstäbe, Bullroarer usw.) auch. Es dient der rhythmischen Begleitung der Sänger bei Volksfesten oder beim abendlichen Zusammensein am Lagerfeuer, es dient als Taktgeber beim Tanzen und unterstützt gesungene Erzählungen.

Diese keineswegs sakralen Erzählgesänge (»djunggurin«) sind noch heute sehr beliebt. Bei einem 1962 aufgezeichneten Lied imitiert das begleitende Didgeridoo das Geräusch marschierender Füße und den Ton einer Militärmusiktrommel. Das Lied berichtet von der Invasion der europäischen Kolonialisten. Andere vom Didgeridoo tonmalend unterlegte moderne Erzählungen beschreiben Wasserflugzeuge, Helikopter, Traktoren und Lastkraftwagen.

Zum wichtigsten zeremoniellen Einsatz des Didgeridoos gehört seine Verwendung bei Bestattungen. Dabei geht es darum, dass das Didgeridoo die Seele des Verstorbenen ins Jenseits begleitet.

Begleitung bei Zeremonien

Neben diesen Hauptanwendungsgebieten des Didgeridoos gibt es auch dessen sakralen Gebrauch. Doch dieser steht im Vergleich zum Unterhaltungscharakter nicht im Vordergrund. Hierbei liegt der Schwerpunkt aber ebenfalls nicht auf der Erzeugung von meditativen Trancezuständen oder ähnlichem; der Einsatz beschränkt sich auch hier auf die Funktion eines Begleitinstruments für den inhaltlich bei weitem dominierenden Sänger.

Als Soloinstrument wird das Didgeridoo von den Aborigines traditionell nicht gespielt. Es ist immer, meistens gemeinsam mit verschiedenen, rhythmisch geschlagenen Klanghölzern, ein Begleitinstrument für Gesang oder Tanz.

Panaustralisches Kultobjekt

Nach alledem mag es schwer fallen, die heute überragende Stellung der nordaustralischen Rohrtrompete als panaustralischer Kultgegenstand zu begreifen. Und in der Tat ist diese Funktion erst wenige Jahrzehnte alt und traditionell in keiner Weise verankert.

In der Tradition der Aborigines spielt die Folklore heute noch eine große Rolle.

Der immense Bedeutungswechsel lässt sich jedoch leicht erklären. Als Ende der sechziger Jahre die Welle der US-amerikanischen antiautoritären Jugendbewegung auch bis Europa und schließlich bis Australien schwappte, sahen die Aborigines eine erste Chance, sich gegen rassistische Bevormundung durch die weißen Kolonialisten aufzulehnen. Vor allem die junge weiße Generation hatte dafür ein offenes Ohr, denn sie hatte ein Faible für das Erdverbundene, das Bodenständige und Andersartige der Stammeskulturen entdeckt.

Mitte der siebziger Jahre begannen »Aussteiger«, der Industriegesellschaft müde, mangels geeigneter Vorbilder in der eigenen Heimat exotische Völker zu imitieren. Sie suchten und fanden indische Gurus, befassten sich mit der fernöstlichen Tradition der Zen-Meditation, wandten sich buddhistischen Philosophien zu und praktizierten indianische Medizinradrituale.

Doch von der Konsumwarenmentalität, die eher auf Verpackungen als auf Inhalte achtet und den schnellen Erfolg viel höher einschätzt als

Der Beginn der neuen Denkweise fiel damals mit Folkloreevents zusammen und mit einer großen Aufgeschlossenheit und geradezu ehrfürchtigen Haltung gegenüber der Lebensweise der nordamerikanischen Indianer.

13

lebenslanges geduldiges Lernen, konnten sich die meisten dieser Suchenden nicht befreien. Sie wollten das Heil gleichsam kaufen und für sich in Sicherheit bringen. Sie erwarben Mandalas, Traumfänger, talismanische Perlenarmbänder, schwarzafrikanische Amulette und andere Versatzstücke fremder Spiritualität und Lebensweise. Sie stilisierten all das zu Kultikonen hoch, so als glaubten sie, mit deren materiellem Besitz sei ihr eigenes Seelenheil gesichert. Und dieser Markt boomt heute in den USA und in Europa sogar noch gewaltiger als vor zwei Jahrzehnten. Wie immer man dazu stehen mag, diese Entwicklung ist nicht mehr aufzuhalten. Die reichen europäischen und US-amerikanischen Märkte verlangten nach Stammesikonen, und sie fanden sie: Indianertipis, zentralasiatische Jurten, den kosmischen Tanz tanzende Shiva-Statuetten, tibetische Gebetsmühlen, afrikanische Talismane und sogar ganze indianische Totempfähle.

Auch in Australien gab es schon in den späten sechziger und in den siebziger Jahren zahlreiche geschäftstüchtige Zeitgenossen, die diesen Trend erkannten und für sich ausnutzen wollten. Doch fehlte es hier zu dieser Zeit noch völlig an geeigneten vermarktbaren Kultobjekten. Die neuerdings in Akrylfarben gemalten Punktmotive der früheren, vergänglichen Sandbilder konnten dieses schmerzliche Defizit nur in geringem Maß ausgleichen. Man brauchte eine nationale Ikone der »Aboriginalität«. Man fand sie schließlich im Didgeridoo.

Manche der eingeborenen Stämme brachte die Vermarktung ihrer Kultgegenstände in Zwiespalt. Einerseits lässt sich damit Geld verdienen, andererseits bedeutet dies einen kulturellen Ausverkauf. Zahlreiche Stammesälteste empfinden das als entwürdigend und lehnen sich dagegen auf.

Lächeln und Empörung

Nun könnte man erwarten, dass die Ursprungsstämme dieser Rohrtrompete, vor allem die Yuulngu, diese Vermarktung zutiefst missbilligt hätten, doch das war nicht der Fall. Die meisten von ihnen hatten allenfalls ein Lächeln für die merkwürdigen Weißen übrig.

Entsetzt über den blasphemischen Kulturdiebstahl gaben sich indes Aborigines in Südostaustralien, in einer Region also, in der es traditionell niemals Didgeridoos gegeben hatte. Wie es dazu kam, berichtet das nächste Kapitel.

War das Didgeridoo in der Welt der Weißen zunächst kaum mehr als ein Ethnoplagiat wie zahlreiche andere solcher Stammesikonen, so ging es hier aber vor allem in den letzten Jahren teilweise auch einen Weg, der Tipis, Totempfählen und Kultmasken verwehrt bleibt. Diese nämlich haben in der Welt der Weißen allenfalls eine »Verpackungs-« oder Alibifunktion erlangt. Natürlich ist nichts dagegen einzuwenden, in einem Tipi oder einer »echt indianischen« Schwitzhütte spirituell zu arbeiten, aber ein modernes Campingzelt oder ein umfunktionierter Geräteschuppen würde denselben Zweck erfüllen. Wir werden nicht zu Indianern, auch wenn wir uns 100-mal in ein »echtes« Tipi setzen. Sobald wir nämlich davon Besitz ergreifen, ist es nicht mehr echt. Das Nyloncampingzelt dagegen wäre echt, denn es unterstreicht unsere persönliche Identität, keine fremde.

Inhalte statt Verpackungskult

Mit dem Didgeridoo ist das etwas anderes, genau wie mit der tibetischen Klangschale oder der Schamanentrommel. Diese Instrumente lassen sich nicht durch andere westliche Kreationen ersetzen. Sie haben keinen bloßen »Verpackungscharakter«, sondern eine tonale Persönlichkeit. Und – erstaunlich genug – ist diese dazu angetan, uns maßgeschneiderte eigene spirituelle Wege zu weisen, wenn wir uns darauf einlassen und uns führen lassen wollen. Während ein Tipi dazu verführt, darin sklavisch indianische Rituale nachzuvollziehen, gibt uns das Didgeridoo die Möglichkeit, uns von dessen angestammtem australischen Gebrauch völlig zu entkoppeln und damit jedes Plagiieren zu vermeiden. Wir können mit ihm urpersönliche neue Erfahrungen gewinnen.

Übrigens: So etwas wie einen angestammten australischen Gebrauch des Didgeridoos gibt es überhaupt nicht. In seiner Heimat unterscheidet sich der Umgang mit diesem Musikrohr von Stamm zu Stamm teilweise ganz erheblich, weil es – richtig verstanden – keine kollektive Ikone, sondern ein höchst persönlicher Führer ist, ein wundervolles Vehikel, mit dem jeder dahin reisen kann, wohin er möchte.

Wie die Schamanentrommel ist das Didgeridoo weit mehr als ein bloßes Musik- oder Rhythmusinstrument: Es beeinflusst unmittelbar die Gehirnströme und kann den Spieler oder auch den Zuhörer dadurch in einen veränderten Bewusstseinszustand versetzen.

Tabus und Kulturdiebstahl

Vor einigen Jahren machte in Oberbayern eine Scherzfrage die Runde: »Wie kann man am leichtesten einen preußischen Touristen ärgern?« Die Antwort: »Man braucht ihm nur seinen Trachtenjanker wegzunehmen.« So platt dieser Scherz auch sein mag, er entbehrt nicht einer soliden psychologischen Einsicht: Der Verlust einer groben Wolljacke ist weitaus schmerzlicher, wenn man sie nicht routinemäßig als praktischen Wetterschutz trägt, sondern als neu erworbenes Aushängeschild, das den Besitzer als kulturbewusst etikettiert und ihm scheinbar so etwas wie Individualität verleiht, die er anders nicht so einfach demonstrieren kann.

Die Suche nach gemeinsamen kulturellen Werten war schwer. Jeder der vielen Stämme hat seine eigene Kultur, größtenteils auch seine eigene Sprache. Außer einer naturverbundenen Lebensweise gibt es nicht viel Gemeinsames.

Neu erwachtes Stammesbewusstsein

Das Gleiche spielt sich derzeit in manchen Gebieten Australiens ab. Die Funktion des kulturträchtigen Trachtenjankers übernimmt dabei das Didgeridoo. Mit dem neu erwachten Selbstbewusstsein aller australischen Aborigines in den siebziger Jahren entstand auch das Bedürfnis, diesem Bewusstsein Ausdruck zu verleihen. Das aber fiel schwer, denn worauf sollten sich die Aborigines berufen, wenn nicht auf ihre gemeinsame altehrwürdige Kultur, auf ihre Tradition. Die aber gibt es nicht. Wer schließlich auf den Gedanken kam, das Didgeridoo künstlich zur stammesübergreifenden panaustralischen Ikone zu erheben, lässt sich nicht mehr nachvollziehen, aber die Idee erwies sich als Geniestreich. Heute steht das Musikrohr im internationalen Bewusstsein als Sinnbild des alten Australien weit vor dem Bumerang auf Platz eins. Es gibt kaum einen Fremdenverkehrsprospekt des fünften Kontinents, kaum ein jüngeres Sachbuch über Australien, das nicht irgendwo einen halb nackten, bunt bemalten Didgeridoo-Spieler abbilden würde.

Ein neues Kultursymbol

Innerhalb der australischen Stämme selbst geschah Erstaunliches. Die eigentliche Heimat des Didgeridoos, das nördliche Territorium, nahm den »Didj-Boom« mit Abstand am gelassensten hin. Die zentralaustralische Touristenhochburg, die Region um den Ayers Rock, begann mit lukrativer kommerzieller Vermarktung. Doch der Südosten, mit seinen Großstädten eigentlicher Schwerpunkt des Kolonialismus, reagierte nicht viel anders als der eingangs genannte preußische Tourist in Oberbayern, dem sein Trachtenjanker abhanden gekommen ist. Die Aborigines dieser Region haben sich seit langem am stärksten angepasst. Sie leben nicht mehr im Busch, sondern in modernen Weltstädten; sie absolvieren europäisch geprägte Handwerksausbildungen oder besuchen das College und haben sich weitestgehend dem Lebensstil der Weißen angeglichen, sofern sie nicht in großstädtischen Slums gelandet sind. Und sie hatten, im Gegensatz zu den anderen Stämmen, nicht einmal eine naturverbundene Lebensweise.

Ausgerechnet die Aborigines dieser Region wenden sich mit aller Entschiedenheit gegen den rapide anwachsenden internationalen Handel mit den klingenden Bambus- und Eukalyptusrohren, die für sie zum handgreiflichen Symbol ihres Ego geworden sind. Sie verteidigen sie als uralte Kulturheiligtümer, die in Wirklichkeit niemals die ihren gewesen waren. Und sie haben Erfolg damit.

Die oft gehörte Aussage »Die Weißen haben uns beinahe alles weggenommen, was wir hatten, und nun berauben sie uns noch des Letzten, das wir an wirklich Eigenem besitzen, nämlich des Didgeridoos findet bei vielen Zivilisationskritikern in Europa und besonders in den USA offene Ohren. Zahlreiche moderne Rock- und Popmusiker, die das Didgeridoo in ihren Instrumentenbestand integriert haben, verzichten heute freiwillig auf »authentische« australische Holzrohre oder deren Imitationen und verwenden stattdessen ausschließlich PVC- oder ABS-Röhren. Die klingen zwar nicht ganz so gut wie das australische Original, aber der Vorwurf des Kulturdiebstahls lässt sich damit wenigstens ansatzweise in Grenzen halten.

Die Aborigines der südlichen Regionen waren am meisten von Kolonialisten ausgenützt und diskriminiert worden. Durch ihre Anpassung an die Weißen hatten sie ihre Identität verloren. Nun sahen sie eine Chance, sich mit der Ikone Didgeridoo zu identifizieren.

Für Frauen tabu

Noch strenger als die oft gehörte Forderung der südostaustralischen Aborigines, dass Weiße grundsätzlich kein Didj spielen sollten, wird ein anderes Tabu betont: »Das Didgeridoo ist ausschließlich ein Instrument für Männer. Frauen dürfen es nicht einmal berühren.« Dieses geschlechtsspezifische Verbot hat seine Wurzeln in der kultischen Verehrung, die die südostaustralischen Stämme in den letzten beiden Jahrzehnten für das Didgeridoo aufgebaut haben. Psychologisch ist das sehr leicht zu verstehen.

Da die südostaustralischen Aborigines kein eigenes Standesbewusstsein mehr hatten, klammerten sie sich umso stärker an das neu gewonnene »Kultinstrument« und erfanden strenge Regeln und Gesetze, die es in den ursprünglichen Herkunftsgebieten des Didgeridoos überhaupt nicht gab.

Sie hatten nichts, womit sie sich hätten identifizieren können. Also suchten sie bei fremden Stämmen, die ihre tradierte Lebensweise niemals aufgeben mussten. Man fand sie in Australiens Norden, in der Heimat des Didgeridoos, und begann, möglichst viel über die dortige Kultur zu lernen. Was man erfuhr, ließ sich nicht mit eigenen Erfahrungen vergleichen, denn an solche konnte sich kaum noch jemand erinnern. Und deshalb übersah man jene Aspekte, die weniger interessierten und die vielleicht gar nicht in das Wunschbild einer mythisch verbrämten, hehren Kulturgeschichte passten, sondern sich allein auf den vordergründigen Alltag bezogen. Hand in Hand damit gingen eine plakative Vereinfachung und Überstilisierung. So wandelte sich die Tatsache, dass bei den Yuulngu Arnhemlands Frauen bei zeremoniellen Kultveranstaltungen kein Didgeridoo spielen, zum strikten Spielverbot für das weibliche Geschlecht generell. Genau diesen Gedanken exportierten die Südostaustralier lautstark, denn sie und nicht die wahren Väter des Didgeridoos sind es, die am enthusiastischsten versuchen, die Weißen über die immense kulturelle Bedeutung »ihres« Didj zu belehren.

Betroffenheit bei manchen Weißen

In Europa und in den USA gaben sich viele Didgeridoo-Spielerinnen betroffen und legten das Instrument für immer aus den Händen. Andere verzichteten auf Holz und wandten sich künstlichen Materialien oder

Holz von amerikanischen Yuccastauden zu. Manche Schulen der New-Age-Philosophie mit ihrer verbreiteten spirituellen Geheimniskrämerei (das Wort »Esoterik« bedeutet im Grunde nichts anderes als »Geheimlehre«) entwickeln ein ausgeprägtes Faible für starre traditionelle Vorschriften und Tabus.

Wie ernst das geschlechtsspezifische Verbot im Westen genommen wird, zeigte sich u. a. 1996 in einer Internetdiskussion mit Gesprächspartnern aus Australien, den USA, Kanada, Schweden und Südafrika. Bezeichnenderweise beteiligte sich keine einzige Frau an diese Debatte. Obwohl sich die überwiegende Mehrzahl der Beitragsschreiber dafür aussprach, dass weiße Frauen Didgeridoo spielen dürfen, nahmen doch fast alle das Thema nicht auf die leichte Schulter, sondern suchten nach Begründungen für ihre Einstellung. »Die Gefühle, Meinungen, den Glauben und das Wissen anderer müssen wir respektieren. Aber wer kann sagen, wessen Ansichten sich ändern werden. Die Evolution geht weiter« – das ist eines der Argumente. Ein anderes: »Das Tabu gilt nur für den traditionellen Gebrauch. Für die Verwendung, die wir anstreben und die Blannasi (ein Aborigine des Wugularr-Stammes im Nordterritorium) als ›fun music‹ bezeichnet, gibt es derartige Einschränkungen nicht.« Und: »Ich glaube, viele Menschen erkennen klar, dass es respektlos ist, sich die kulturellen Werkzeuge eines Volkes anzueignen, das kolonialisiert und unterdrückt wurde, und diese dann im Stil der Kolonialisten und nicht im Stil des kolonialisierten Volkes anzuwenden … Was die geschlechtsspezifische Seite beim Didgeridoo-Spielen betrifft, glaube ich aber, dass es für uns völlig in Ordnung ist, unsere eigenen Gesetze zu schaffen. Wir werden das sowieso tun, ganz gleich, ob es angemessen ist oder nicht.«

Aboriginesfrauen spielen Didgeridoo

Die Vermutung, das Spielverbot sei ein Gerücht, ist nicht unberechtigt. Doch wie fast jedes Gerücht einen wahren Kern hat, so auch dieses: In der eigentlichen Heimat des Didgeridoos spielen es Frauen während sakraler Zeremonien wirklich nicht. Als Musikinstrument im Alltag, zur

Zu dem Spielverbot für Frauen äußerte sich auch Guy Grant, der ebenfalls an der Diskussion teilgenommen hatte. Er fragte, ob das Tabu nicht als Gerücht aufgekommen sei, das immer weiter getragen wurde, ähnlich dem indischen Seiltrick: Jeder hat davon gehört, aber keiner hat es je gesehen!

19

Diese junge Frau aus Deutschland arbeitet schamanisch. Ihr Didgeridoo zieren prähistorische Felsbilder aus aller Welt.

Eine ähnliche Art wie das Spielverbot für Frauen ist auch in Europa vom katholischen Gottesdienst bekannt: Der Priester ist immer ein Mann, es gibt nur Ministrantinnen, Kantorinnen usw. Außerhalb des Gottesdienstes können die Frauen jedoch als Seelsorgerinnen arbeiten.

Begleitung von Tänzen, Gesängen und Erzählungen sowie bei den traditionellen, aber nicht religiös-zeremoniellen »djatpangarri«-Gesangsvorträgen verwenden Frauen in Nordaustralien das Didgeridoo aber durchaus, und auch an der Herstellung dieser Instrumente sind sie dort beteiligt. Das geschieht nicht etwa »illegal«, sondern mit der ausgesprochenen Zustimmung der Stammesältesten.

Auch Musikeinspielungen mit Didgeridoo-Begleitung und sogar Gesängen von einheimischen Frauen auf CDs wurden (vorwiegend in der Kimberleysregion) in den vergangenen Jahren veranstaltet, und einheimische Radiosender spielen diese Musik.

Sandy Dann, eine Aboriginesjournalistin und Rundfunkmitarbeiterin in Broome, spielt das Klangrohr sogar in Schulen und betont, dass die Stammesältesten sehr erfreut darüber sind.

Bei traditionellen Zeremonien spielen Frauen in Nordaustralien das Didgeridoo nicht, was aber keineswegs ihren Ausschluss von der Teilnahme an diesen spirituellen Veranstaltungen bedeutet. Doch es gibt hier generell eine Rollenverteilung: Die Männer benutzen Klanginstrumente (neben dem Didgeridoo vor allem Klanghölzer), die Frauen begleiten die Gesänge mit Körperpercussion.

Im Südosten: Einhalten des Spielverbots

Diejenigen Aborigines indes, die vor nicht allzu langer Zeit das generelle Verbot für Frauen, Didgeridoos zu spielen, erfunden haben, befolgen es heute selbst streng.

Maureen Sulter, eine Aborigineslehrerin in Coonabarabran in New South Wales, kaufte zwar selbst ein Didgeridoo, um es ihren Schülern als Kulturgut vorzustellen, aber sie betont, dass sie niemals einem Mädchen, auch keinem eingeborenen Mädchen, erlauben würde, es auch nur zu berühren. Sie erklärt ihren Schülern, dass das durch Stammesgesetze verboten sei. Keine Frau, weder Aborigine noch Weiße, dürfe es anfassen. Sie selbst als Lehrerin und Kulturvermittlerin sieht sich dabei offenbar als Ausnahme.

Walbira Gindin vom Stamm der Murri, stellvertretende Intendantin des Anfang 1996 abgehaltenen Woodford-Maleny-Folk-Festivals in Queensland, sagte anlässlich der Eröffnung, dass weiße Frauen, die das Didgeridoo spielen, ein Beispiel für Kulturdiebstahl an den Aborigines seien, und sie beklagte, dass beim Fest anwesende Hippies dem einheimischen Volk das Wenige rauben, das sie noch als ihr Eigentum bezeichnen können. Zitat: »Sie haben uns unser Land gestohlen, unsere Kinder genommen, und jetzt wollen sie uns das Wenige nehmen, das uns geblieben ist – unsere Gesänge, unsere Tänze und unsere Kunst.«

Und Bill Hauritz, der Koordinator des Woodford-Maleny-Folk-Festivals, berichtete: »Ein Stammesältester sagte mir, dass immer, wenn einer von den Nichtaborigines ein wenig Aborigineskultur übernimmt, das Verbleibende verdünnt wird, denn viel ist nicht mehr übrig.«

Mit der Zeit haftet dem Spielverbot für Frauen auch eine gewisse Radikalität an: Maxine Fumagalli in Sowelu bezeichnet die ausgehöhlten Eukalyptusäste, die ohne Ritual geerntet werden, als »gestohlene Babys«!

Im Norden: Persönliche Bindungen

Was im australischen Südwesten erst jüngst als äußerlich sichtbares Fanal für die verloren gegangene eigene spirituelle Tradition eintreten musste und seither als solches übermystifiziert und tabuisiert wird, betrachten dessen eigentliche geistige Väter weitaus legerer.

Spieler euroamerikanischer Musikinstrumente sind, so Kev Carmody, in erster Linie reproduktiv. Nur wenige entwickeln, wie beispielsweise Anne-Sophie Mutter, eine wirklich verbundene Leidenschaft zu ihrem Instrument.

Kev Carmody sieht die Sache mit den diversen Verboten wesentlich gelassener. Er meint, dass alle das Didgeridoo spielen dürfen, da es sowieso bei jedem anders klingt und jeder Spieler eine andere Beziehung zu dem Instrument hat.

Der unvergleichliche Didgeridoo-Spieler Kev Carmody, Aborigine aus Queensland und selbst zu den Ältesten seines Stammes zählend, liebt sein Instrument auf einer sehr tiefen, spirituellen Ebene. Aber er weiß, dass das, was ihn mit dem Klangrohr verbindet, seine persönliche Bindung, sein eigener Umgang mit dem Instrument ist, nicht das Didgeridoo allein. Und so sagte er dem Didgeridoo-Forscher Karl Neuenfeldt in einem Interview: »Nun, ich glaube, wenn ein Nichtaborigine das Didgeridoo benutzt, ist es genau, wie wenn ich ein Cello oder ein anderes Instrument, das ich spiele, in die Hand nehme; eine Gitarre vielleicht oder ein Banjo. Etwas von mir selbst wandert beim Spielen in das Instrument, und all meine Werte, mein Hintergrund, meine Philosophie und mein Erbe. Ich werde das Cello ganz anders spielen als ein Musiker in einem Symphonieorchester, und diesen Unterschied gibt es auch bei der Gitarre oder dem Didj. Nichtaborigines dürfen es spielen. Aber für uns Aborigines, so glaube ich, ist es eine vielfältige spirituelle Ausdrucksweise … Ich setze mich niemals mit dem Didgeridoo hin, ohne ein Gefühl der Ehrfurcht zu empfinden.« Wohl am treffendsten beantwortet ein anderer einheimischer australischer Didgeridoo-Spieler die Frage des

Kulturdiebstahls durch Weiße. In einem Interview mit Fred Tietjen sagte der auf der Cape-York-Halbinsel geborene Musiker, Maler, Geschichtenerzähler, Schauspieler und Tonfilmautor David Hudson: »Ich glaube, die Aborigines haben kein Problem, wenn eine ganze Menge von Leuten Didgeridoo spielen. Das gilt nur, wenn Nichtaborigines anfangen, beharrlich darauf zu bestehen, Teil ausgeprägter Aborigineskultur werden zu wollen. Wenn du mit einer Aboriginalfamilie in der Art eines Aborigine gelebt hast, dann begreifst du vielleicht die Kultur und wirst auf tiefere Weise akzeptiert. Es gibt zu viele Leute dort draußen, die einfach in diesen Trend geraten, Aboriginal sein zu wollen. Aborigines haben kein Problem, andere Menschen zu akzeptieren, solange sie sie selbst bleiben. Warum solltest du versuchen, etwas zu sein, was du nicht bist? Sei einfach du selbst. Ich bin Schwarzer. Ich versuche nicht, Weißer zu sein. Ich bin stolz darauf, wer ich bin. Ich habe meine Identität, und ich bin damit glücklich.«

Bekenntnis zum eigenen Ich

In seinem Bekenntnis zum eigenen Ich ist David Hudson absolut zuzustimmen: Wer als Nichtaborigine das Didgeridoo spielt, um dadurch der einheimischen australischen Kultur teilhaftig zu werden, plagiiert nicht nur ohne Sinn und Verstand spirituelle Traditionen, er beleidigt taktlos die Aborigines und begeht zugleich Verrat an sich selbst.

Ich glaube nicht, dass es einen überzeugten europäischen Christen stören würde, wenn z. B. ein Schwarzafrikaner lernt, meisterhaft die Orgel zu spielen. Selbst als Ausdrucksmittel für traditionelle afrikanische Musik oder auch für modernen internationalen Rock dürfte er sie verwenden. Wenn er aber wild darauf herumdilettiert und lauthals von sich behauptet, er sei damit Teil der kulturellen christlichen Tradition des Abendlandes, dann würde uns das doch reichlich befremden.

Aber genauso gehen viele Europäer und US-Amerikaner heute mit dem Didgeridoo um. Und zahlreiche Aborigines lassen sich des schnellen Dollars wegen vom weißen Musikmarkt korrumpieren.

Auch David Hudson findet nichts dabei, wenn viele Menschen das Didgeridoo spielen wollen. Allerdings werden sie dadurch nie ein Teil der Aborigineskultur werden, auch wenn sie das noch so gern möchten, da sie keinerlei ethnische Verwurzelung mit dem Didj besitzen.

23

Rock, Pop und der schnelle Dollar

Australien besteht nicht nur aus dem noch immer weitgehend »naturbelassenen« Nordterritorium und dem urbanen, industrialisierten Südosten. Im Zentrum des fünften Kontinents liegt das trockene Herz dieses Erdteils mit seinen endlosen Wüsten und dem alten Kultheiligtum Ayers Rock. Dort wächst und wuchert die Touristenmetropole Alice Springs. Auch hier leben Aboriginalstämme, die das Didgeridoo ursprünglich nicht spielten.

Im Rahmen des neu erwachten panaustralischen Identitätsgefühls der einheimischen Bevölkerung wurde auch hier das Didgeridoo seit Ende der sechziger Jahre rasch zur stammesübergreifenden Kulturikone Nummer eins. Auch hier erlangte es nicht die traditionelle Bedeutung, die ihm in seiner australischen Heimat seit eh und je zukommt, aber es wurde auch nicht annähernd so stark übermystifiziert wie im Hauptgebiet der weißen Kolonisierung – im Südosten mit seinen Großstädten. Dafür erlitt und erleidet es ein anderes Geschick: Es wird planvoll und mit kommerzieller Professionalität vermarktet.

Ist der Verkauf nach marktstrategischen Gesichtspunkten erst einmal angelaufen, so gibt es folgerichtig auch keine Rücksicht mehr auf den subtilen Charakter eines Instruments oder auch auf die ihm innewohnenden spirituellen Möglichkeiten.

Airport-Art und Souvenirs

Wer heute im Airport des Touristenmagneten Alice Springs das Flugzeug verlässt, wird bereits in der Ankunftshalle von einem Didgeridoo-Spieler begrüßt, der versucht, mit seinen virtuos variierten Klängen Kunden in einen Souvenirshop der CAAMA (Central Australia Aboriginal Media Association) zu locken. Neben Holzschnitzereien, Rinden- und Punktmalerei sowie den obligatorischen Bumerangs bietet der Laden Didgeridoos in Hülle und Fülle an: billigere aus Bambusrohr, teurere aus Eukalyptusholz.

24

Viele sind umsatzsteigernd mit exotischen Malereien verziert. Das soll etwas suggerieren, was mit Sicherheit nicht zutrifft: »echte Aboriginalität«. Denn die meisten der gängigen Motive passen nicht zum traditionellen Didgeridoo. Sie stammen nicht aus dessen nordaustralischer Heimat, sondern aus dem zentralaustralischen Stilrepertoire.

Spirituelle Bemalung ist abwaschbar

Normalerweise pflegen die Nordaustralier Instrumente, die sie zur Unterhaltung spielen, gar nicht zu bemalen. Wenn ein Didgeridoo bemalt wird, dann hat das eine besondere spirituelle Bedeutung, und kein Aborigine, der noch irgendetwas für seine angestammte Kultur empfindet, wird deshalb den Verkauf wirklich traditionell bemalter Instrumente dulden, geschweige denn unterstützen oder gar selbst betreiben.

Didgeridoos werden durch spirituelle Bemalung geheime Kultgegenstände, die meist nur einem ganz bestimmten Zweck dienen. Nach ihrer Verwendung wird die Bemalung wieder abgewaschen, und wenn das nicht möglich sein sollte, werden die Instrumente verbrannt. Für den Handel sind sie gewiss nicht bestimmt.

Wird ein Digeridoo für spirituelle Zwecke bemalt, so werden dafür auch traditionelle Farben wie fein zerriebene Erde verwendet und mit Eigelb oder ähnlichen organischen Bindemitteln vermischt. Nach dem speziellen Ritus werden die Farben wieder abgewaschen.

»Goodies« nennen die Aborigines von Arnhemland besonders hochwertige Didgeridoos liebevoll. Manche davon gelangen auch nach Deutschland, wie diese traditionell bemalten Instrumente der Drone Company (siehe Seite 93).

Die Touristen-Didjs werden meist mit Akrylfarben oder Naturfarben mit dauerhaftem Holzleim als Binder verziert, und sie erfüllen häufig nicht nur den Zweck als reine Dekoration: Sie übertünchen Risse und Löcher in der Rohrwand, die später, wenn das Instrument beim Gebrauch innen feucht wird, nur allzu leicht wieder aufreißen und das Didgeridoo unspielbar machen.

Gut beratene Geschäftemacher nützen natürlich die äußerst verkaufsfördernde Mischung aus internationalem Einheitspop mit dem Touch von Ethnosound und New-Age-Feeling erfolgreich aus.

Die einheimischen Händler nehmen Kunden, die es in erster Linie auf die angepinselten Ornamente absehen, nicht besonders ernst. Heute verhökert allein der Touristenladen im Flughafen von Alice Springs, der sich werbewirksam »Original Dreamtime Gallery« nennt, Monat für Monat etwa 50 Didgeridoos.

Fetzige Didj-CDs

Im selben Geschäft wird auch Didj-Musik vermarktet. Gute, authentisch bespielte Scheiben findet man dort freilich kaum. Sie sind für den europäischen und amerikanischen Touristengeschmack nicht fetzig genug. Die Wurzeln des völlig verfremdeten Didj-Gebrauchs sind unterschiedlicher Natur. So sind z. B. junge, verstädterte Aborigines, wie die Kids in aller Welt, der Pop- und Rockszene verfallen, und es ist nur allzu verständlich, dass sie »ihr« Instrument in diese globale »Mainstreamsubkultur« mit einbringen. Schließlich kennen wir in Süddeutschland, Österreich und der Schweiz ja auch den »Alpenrock«.

Vorbilder: Jimi Hendrix und Elvis

Die Anfang der achtziger Jahre gegründete Aboriginesband »Us Mob«, die Didjs in Heavy-Metal-Rock einbindet, gibt sich politisch äußerst provokativ und behauptet, ihre Musik müsse »laut und aggressiv« sein, weil ihre »Botschaft« das verlange. Ihre Wurzeln suchen diese Musiker jedoch keineswegs etwa in jener Aboriginalität, für die sie angeblich kämpfen, sondern erklärterweise bei Jimi Hendrix.

26

Erste Anfänge einer einheimischen »schwarzen« australischen Musikszene reichen in die späten sechziger Jahre zurück, als die weltweite Welle US-amerikanischer Subkultur den fünften Kontinent eroberte. Ende der Sechziger imitierten vor allem junge Koori-Musiker Rockikonen, allen voran Elvis Presley, in dem naiven Glauben, damit so etwas wie moderne Weltbürger zu werden und zugleich ihre Stammeswurzeln zu bewahren, die sie in Wirklichkeit längst verloren hatten. Es ging ihnen wie den modernen Esoeuropäern um den Versuch einer neuen Identifikation ihrer selbst.

Yothu Yindi und andere Rockgruppen

Noch heute betonen die inzwischen international auftretenden bekannten australischen Rock- und Popgruppen, allen voran Yothu Yindi, sie wollten mit ihrer Musik der Weltöffentlichkeit die altehrwürdige Tradition der Aborigines nahe bringen oder Völker verbindende Impulse durch Einbringen ihres ureigenen Didgeridoos in die internationale »Mainstream music« setzen.

Die meisten australischen Rock- und Popgruppen sind von ihrer Missionsarbeit in Sachen Kultur überzeugt, merken aber nicht, dass sie als Opfer des internationalen Musikkommerzes ausgenutzt werden. Ihre »Botschaft« wird vermarktet!

Die Rockgruppe um »Yothu Yindi« gehört zu den bekanntesten international auftretenden, die die alte Tradition der Aborigines global bekannt machen möchten.

27

Amerikanische und europäische Plattenfirmen sind dabei nicht die einzigen Geschäftemacher. Die moderne Multimediaorganisation CAAMA, die neben dem Touristenladen im Flughafen von Alice Springs u. a. eigene Ton- und Filmstudios besitzt und eine Rundfunk- und Fernsehstation betreibt, gibt sich zwar äußerlich als eine Art Aboriginaler Traditionsbewahrer, doch ihre Marktpraktiken und ihre Moral sprechen eine deutlich andere Sprache. Die Gesellschaft lockt Aboriginale Jugendliche in die städtischen Discos, in denen westliche Sounds vorherrschen.

1983 veröffentlichte die CAAMA die erste Rocksingle in einer Eingeborenensprache (»Anangu«). Die einheimischen Bands, die sie favorisiert und bekannt macht, tragen Namen wie »Midnight Oil«. Ihre Titel heißen z. B. »Diesel and Dust« oder »A Will To Win«. Die vertretenen Stilrichtungen sind dabei nur zum geringsten Teil kulturell von den Aborigines beeinflusst.

Marktstrategien

Gewiss, es gibt auch einige Einspielungen mit australischem Folklorecharakter (allerdings ohrwurmverdächtig aufbereitet). Doch auch hier wird man bezüglich der Produktionsabsichten argwöhnisch, wenn man erfährt, wie z. B. der professionelle CAAMA-Musikvermarkter Richard Micaleff über globale Verkaufschancen denkt: Noch am »naturbelassensten« sei Didj-Musik, die den Bedarf des Ambiente-Musikgenres erfüllt. Hauptabnehmer sind hier Abenteuerfilmproduzenten.

Dass der Ärger wirklicher Freunde australischer Stammeskultur über die moderne World-Music-Verflachung nicht nur emotional bedingt ist, sondern sich auch faktisch begründen lässt, erhellen die Aufnahmetechniken moderner australischer Multikultigruppen, die nahezu einer Vergewaltigung des Didgeridoos gleichkommen.

In seinem ursprünglichen Kontext ist das Aboriginale Klangrohr zwar kein Soloinstrument, aber es wird auch niemals zusammen mit anderen dominierenden Musikinstrumenten gespielt. Die klassische Dreiheit heißt: Didj, Klanghölzer und menschliche Stimme (Gesang). Dabei

Wer einen Film drehen will, der in Australien spielt, ist gut beraten, in den Soundtrack auch unverfälschte Klänge des Didgeridoos aufzunehmen. Da stellt sich dann sofort so etwas wie Ethnofeeling ein – und alle sind selig.

hat das Didgeridoo verschiedene Aufgaben: Es gibt, zusammen mit den Klanghölzern, den Rhythmus vor, der – vor allem bei traditionellen Tänzen – ausgesprochen komplex sein kann; es liefert den Ablaufrahmen einer gesungenen oder getanzten Handlung, indem es deutlich Einleitung, Zwischenspiele und Finale voneinander absetzt und diese einzelnen Phasen jeweils unterstreicht; und es nimmt manchmal auch selbst die Erzählung auf, indem es tonmalend Szenarien oder Ereignisse beschreibt.

Studiotricks

Im Rock- und Popkontext ist das Didj jeglicher Individualität beraubt. Es hat sich entweder als eine Art Percussiongerät bedingungslos solchen US-europäischen Instrumenten wie der elektronischen Rockgitarre, dem Keyboard oder dem Synthesizer unterzuordnen, oder es ist zum reinen Effekthascher degeneriert, der den lautstarken Techno-Beat aufpeppt, um dann wieder bis zur Unhörbarkeit heruntergemischt zu werden.

Die von Termiten ausgehöhlten Eukalyptusrohre fügen sich von Natur aus in keine Tonlage westlich orientierten Musikempfindens. Gewiss, man kann sie so lange Schritt für Schritt absägen oder an der Tonaustrittsseite konisch erweitern, bis der Grundton vielleicht ein C oder ein D trifft. Aber die Oberschwingungen, die den eigentlichen Charakter eines Didgeridoos ausmachen, gehen nicht mit einfachen Oktaven zusammen. Die Oberschwingung des Didgeridoos ist sieben bis zwölf Tonschritte höher als die Grundschwingung. Meistens handelt es sich um elf Tonschritte. Andere überlagerte Schwingungen zeichnen sich durch noch eigenwilligere Tonintervalle aus.

Damit ist ein Didgeridoo für die Begleitung euroamerikanischer Musik grundsätzlich ungeeignet. Doch da ist, wie gesagt, die moderne Elektronik. Australische Bands im Tonstudio nehmen generell eine getrennte Tonspur für das Didj auf, digitalisieren sie und verändern anschließend die Tonhöhe des Instruments und auch die Klangfarbe elektronisch derart, dass sie sich dem Grundmuster der euroamerikanischen Instrumente exakt anpassen. So lassen sich sogar Tonintervalle verändern.

Das Didgeridoo ist kein physikalisch perfektes Rohr. Die erzeugte Tonhöhe ist von Länge, Rohrdurchmesser, inneren Unregelmäßigkeiten und nicht zuletzt vom Mundvolumen des Spielers abhängig.

29

Von seinem eigentlichen Charakter bleibt am Ende nichts mehr übrig. Es ist ebenso an die kommerzielle Einheitsmusik angepasst wie das Aboriginale Ego seiner Spieler.

Wege in die Anonymität

Ein traditioneller Spieler käme niemals auf den Gedanken, zwei oder mehrere Didgeridoos gemeinsam erklingen zu lassen. Die Begründung: Das Didgeridoo hat eine persönliche Aussage. Zwei Menschen, die etwas zu sagen haben, reden schließlich auch nicht gleichzeitig.

Die World-Music-Macher, denen es nicht auf Inhalte, sondern auf Lautstärke und »irren Sound« ankommt, setzen Dutzende von Didgeridoos gleichzeitig in Szene. Ohne technische Unterdrückung ist der Einsatz des Didgeridoos im modernen Musikgeschäft unmöglich. Das bestätigt nicht zuletzt nachdrücklich der CAAMA-Toningenieur Ross Muir. Als er versuchte, Didgeridoo-Klänge im natürlichen Ambiente des Instruments, in der freien Natur, mit einem Stereomikrofon aufzunehmen, und dabei auf die Digitalisierung verzichtete, zeigte sich, dass bei den Experten eine vermarktbare Aufnahme einfach nicht gelang.

Der bisherige Höhepunkt einer Veranstaltung wurde im September 1992 während des Gladstonbury-Festivals erreicht: 250 Didgeridoos wurden gleichzeitig gespielt. Doch nicht geldgierige Weiße hatten diesen infernalischen Lärm veranstaltet, sondern die Aboriginesband »Tribal Drift«. Es war ein Weltrekord ohnegleichen!

»Schizophonie«

Das gibt insofern zu denken, als der Musikwissenschaftler Steven Feld generell bemerkt, dass Musik, bei der der Ton durch elektronische Aufnahmemedien vom Instrument getrennt wird, reine Konsummusik sei. Er prägte für diesen Vorgang den Begriff »Schizophonie«.

Für europäische Musik mag das angehen, denn sie folgt anderen Wertvorstellungen als spirituelle Musikinstrumente von Stammesvölkern. Wenn ein westliches Symphonieorchester oder auch eine Rockband Musik macht, dann wollen sie in erster Linie den persönlichen Stil des Komponisten und auch die Auffassung des oder der Interpreten zum Ausdruck bringen. Dergleichen lässt sich in feste Formen pressen.

Ein traditioneller Didgeridoo-Spieler kennt solche Schablonen nicht. Er drückt das aus, was er im Augenblick des Spielens erlebt und erfährt, und das ist jedes Mal etwas anderes.

Spiritueller Ausdruck in vielerlei Gestalt

Der Aboriginale Musiker Kev Carmody hat sich als einer der wenigen international auftretenden Didgeridoo-Spieler Verständnis für sein Instrument bewahrt. In einem Interview mit Karl Neuenfeldt betonte er: »Wenn du es spielst, gehst du mit der Musik auf eine Reise in deinem eigenen Geist. Abhängig von der Nacht, der Zeit, dem Stand des Mondes oder deiner Umgebung, spielst du es unterschiedlich … Das Didgeridoo verliert im Studio unglaublich viel an Realität. Für die Weißen ist es nur Sound. Aber für uns Aborigines ist es ein spiritueller Ausdruck in vielen verschiedenen Gestalten.«

Für ihn selbst gilt: »Bei großen Konzerten versuche ich, die Anwesenden zu ermuntern, ein Teil der Darbietung zu sein. Auf diese Weise wird es zum Zweiwegeereignis und dann, im weitesten Sinn, zu einer einzigen Veranstaltung. Die Zuschauer sind ein Teil davon. Sie sind mit einbezogen. Sie sind keine Außenseiter, denen du deinen Mist gewaltsam in den Hals stopfst. Sie sind bei dir … Ich habe das Didgeridoo vor bis zu zweieinhalb Tausend Leuten in einer Konzerthalle solo gespielt, und danach herrschte nur diese beeindruckende Stille, ein wirklich spiritueller unendlicher Einklang mit dem Universum, nachdem du geendet hast.«

Virtuosität als legitimer neuer Weg

Auf internationalen Bühnen gibt es extrem wenige Didj-Spieler, die sich selbst und ihrem Instrument so entschieden treu bleiben wie Kev Carmody. Einer von ihnen ist der weiße Spieler Charlie McMahon. Er war der erste Nichtaborigine, der Ende der Sechziger und in den frühen Siebzigern das Didgeridoo im Kontext mit Rockmusik einsetzte.

Kev Carmody hält von Massenveranstaltungen mit einem Riesenaufgebot von Technik nichts. Er sagt, das sei wie ein Nürburg-Rallye-Konzept, das die Zuhörer mit 200 Marshall-Verstärkerracks überfluten will. Für sich hat er andere Wege gefunden.

Australische Spieler imitieren mit dem Didgeridoo gerne Naturlaute, so auch Tierstimmen. Beliebt ist beispielsweise das Heulen der Dingos.

Das Didjeribone Charlie McMahons ist eine Kreuzung zwischen Didgeridoo und Zugposaune. Es besteht aus zwei ineinander gleitenden Kunststoffrohren. Sein Tonumfang umfasst zwei Oktaven.

Er arbeitete jahrelang an einem neuen persönlichen Spielstil, der ihm eine behutsamere Integration des Instruments in modernes euroamerikanisches Musikverständnis gestattete. Zum anderen veränderte er die spielbare Tonart flexibel durch eine technische Erfindung, die er als »Didjeribone« bezeichnet. Damit machte McMahon aus dem Didgeridoo erstmals ein Melodieinstrument. McMahons Didj-Musik ist völlig anders als die traditioneller Aborigines. Aber sie ist nicht kommerziell flach, sondern virtuos, und sie steckt voll frappierender neuer Ideen. Er tingelt auf Festen der einheimischen Australier herum, die ihn lieben. Sein großer Erfolg bei den Aborigines draußen im Busch beweist, dass die noch traditionell lebenden australischen Ureinwohner durchaus keine Scheu vor Neuem haben, wenn dieses Neue ehrlich ist und eigene Substanz besitzt.

Berührungsängste mit dem Spirituellen

McMahon lebte jahrelang mit den Einheimischen im australischen Busch, wo er Brunnen bohrte und andere technische Entwicklungshilfe leistete. Er kennt und schätzt das Leben in den Outbacks. Aber der glänzende

Didgeridoo-Spieler hat eine Scheu, sein Instrument dort draußen zu benutzen. Seine Begründung: »Ich spielte das Didj in der Wüste nicht, nur, wenn ich in der Stadt war. Es war kein Teil der lokalen Tradition. Sie glauben wirklich an das Singen, sie glauben, wenn du zu deinem Land singst, hört es dich … Du erlebst, wie die spirituelle Verbundenheit mit dem Land den Menschen Klarheit und Stärke gegeben hat. Ich lernte viel über die Buschpraxis, über die Ernährung. Aber ich wollte nicht wirklich in die zeremoniellen Dinge einbezogen werden, obwohl man mich oft zu Zeremonien mitnahm. Auch fragte ich nicht viel nach, denn es war ihr Glaube, und ich glaube nicht auf dieselbe Art und Weise.« So hat McMahon niemals auch nur den Versuch unternommen, sein Didj wirklich als spirituelles Instrument zu gebrauchen und zu erfahren. Der virtuose Musiker meint dazu: »Das Einzige, was ich beim Didj-Spielen spaßig, befremdlich und kritikwürdig finde, sind Leute, die mit Nachdruck auf mysteriösen Themen der Traumzeit bestehen und behaupten, durch das Spielen würden sie spirituell geerdet. Dieser Unsinn bringt mich in Rage … Ich ziehe da eine harte Grenzlinie.«

Inspirationen von der Natur

Der Aboriginesspieler David Hudson erklärt seinen persönlichen Zugang zum Didgeridoo so: »Ich bekomme meine Inspiration von der Natur. Sehe ich einen großen Vogel durch die Luft fliegen, vielleicht einen Pelikan, dann stelle ich mir vor, wie der Pelikan seine Schwingen gebraucht, wie er segelt, wie er einfach durch die Luft gleitet. Ich kann mir vorstellen, genau denselben Rhythmus zu erleben wie er. Ich spiele, wie der Pelikan fliegt. Ich folge seinem Rhythmus … Wenn du in diesem Land lebst, weißt du, wie ein Dingo im Busch ruft und wie ein Kookaburra (ein einheimischer Vogel) lacht. Wenn du die Töne der Erde und den Reichtum der Geräusche im Busch willst, dann musst du hinausgehen und diese Dinge selbst hören. Es gibt für mich keinen Grund, warum ich versuchen sollte, einen Wolf zu imitieren, den ich nicht kenne, denn in Australien gibt es keine Wölfe. Du musst das in dir haben.«

McMahon entzog sich in aller Bescheidenheit der spirituellen Wirkung seines Instruments. Er meinte, er sei wohl mit zu viel Wissenschaft voll gestopft. Er wolle nicht, dass eine innere Beteiligung am Spirituellen ihm Probleme bereite.

Traumzeit und New Age

»Dreamtime«, »Traumzeit« also, ist ein in der internationalen New-Age-Szene gern gebrauchtes Wort, das versucht, den nüchternen Begriff »Spiritualität« irgendwie romantisch zu färben. Wenn man aber einen New-Age-Anhänger fragt, was sich eigentlich hinter dem Begriff »Dreamtime« verbirgt, dann bekommt man selten eine klare Antwort.

Die vagen Vorstellungen, die verschiedene Menschen mit Dreamtime verbinden, decken sich kaum. Manche glauben, esoterische Abgehobenheit und damit eine gewisse Flucht vor dem Alltag sei Dreamtime. Andere halten sie für so etwas wie eine harmonische Gemeinschaft der Menschen untereinander und für einen Einklang der Menschen mit der Natur. Wieder andere sehen sich während meditativer Übungen oder schamanischer Reisen in der Dreamtime.

Auch geschäftstüchtige Einheimische benutzen den Begriff »Dreamtime« auf ihre Weise. So gibt es Touristenläden wie »Original Dreamtime Gallery« mit serienmäßig hergestellter Airport-Art, die Touristen glauben machen soll, dass sie hier die echte Kultur der Aborigines finden würden.

Die Zeitepoche der Schöpfung

Dreamtime im ursprünglichen Sinn ist aber nur die Zeitepoche der Schöpfung. Sie ist dem heute lebenden Aborigine nicht so fern wie etwa die alttestamentarische Genesis dem Christen des 20. Jahrhunderts. Der einheimische Australier fühlt noch immer seine Wurzeln in dieser Traumzeit, in der alles entstand, denn der findet sich noch immer intim mit allem verbunden.

Wir Weißen, die wir uns innerlich von Gottes Schöpfung so weit entfernt haben, dass wir sie nicht mehr als Welt, sondern als »Umwelt« bezeichnen und uns selbst auf diese Weise aus der Schöpfung ausklammern, haben uns den Zugang zur Dreamtime versperrt. Wir haben vom intellektuellen Baum der Erkenntnis gegessen und uns dadurch selbst aus dem Paradies vertrieben.

Schöpfungslegenden

Es gibt unendlich viele australische Schöpfungslegenden. In Nordaustralien weiß z. B. der Yirkalla-Stamm, dass während der Dreamtime die mythischen Schwestern Wawalik durch ein fremdartiges Land wanderten und alle Tiere, Pflanzen und anderen Dinge, die ihnen begegneten, sogleich mit einer geschlossenen Schnurschlaufe kunstvoll abbildeten, indem sie komplizierte Schnurfiguren herstellten und so die Welt erschufen. Noch heute sind 79 der insgesamt 92 in der Legende genannten Schnurfiguren bekannt und werden von den Yirkalla bei Kultzeremonien nachgebildet.

Diese sehr bildhafte Schöpfungslegende versteht sich nicht als Tatsachenbericht, sondern als eine Art Gleichnis. Und sie steht deshalb in keinerlei Widerspruch zu Schöpfungslegenden, die ein völlig anderes Bild liefern. Sie sind ein anderes Gleichnis für ein und denselben mythischen Prozess. Manche dieser Legenden befassen sich auch mit dem Didgeridoo. Eine erzählt, dass in der Dreamtime die Vögel Menschengestalt besaßen. Sie zogen spielend, singend und tanzend durch die Welt und gaben allen Dingen einen Namen: den Bergen, Flüssen, den verschiedenen Pflanzen und Tieren. Dadurch erschufen sie das von ihnen Bezeichnete. Bei ihrer Wanderung trugen sie ihre »Werkzeuge« mit sich: Bumerangs, Grabstöcke und ein Didgeridoo. Das Letztere gehörte einem Vogel in Menschengestalt, der heute als »Giddabush« bekannt ist. Nach der Traumzeit, als er seine Menschengestalt verlor, behielt er einen langen Schwanz, der an das Rohr erinnert, das er früher an seine Hüfte gebunden mit sich führte.

Noch immer ist der Vogel Giddabush in Gesellschaft seiner ursprünglichen Begleiter. Der Butcherbird, der in der Traumzeit die Klanghölzer erfunden und zu diesen gesungen hatte, ist jetzt ebenfalls ein in Australien bekannter Singvogel.

Ihre ursprünglichen Instrumente, nämlich das Didgeridoo, die Klanghölzer, ihre Lieder und Tänze gaben die Vögel am Ende der Traumzeit an die Menschen weiter, die sie seit der Zeit in Ehren halten und ihren Gebrauch pflegen.

Die Schwestern Wawalik stellten mit ihren Schnüren laufende Vögel mit ihren Nestern, Fische, Schildkröten, verschiedene Säugetiere und auch Sonnenauf- und -untergang dar, ebenso Yamswurzeln, Palmen, andere Pflanzen und auch Gewässer.

Diese traditionelle Schnurfigur wird von den Navahoindianern »sacred circle«, »heiliger Kreis«, genannt. Für Aborigines, für die Schnurfiguren ebenfalls spirituelle Bedeutung besitzen, sind die Indianerfiguren allerdings bedeutungslos.

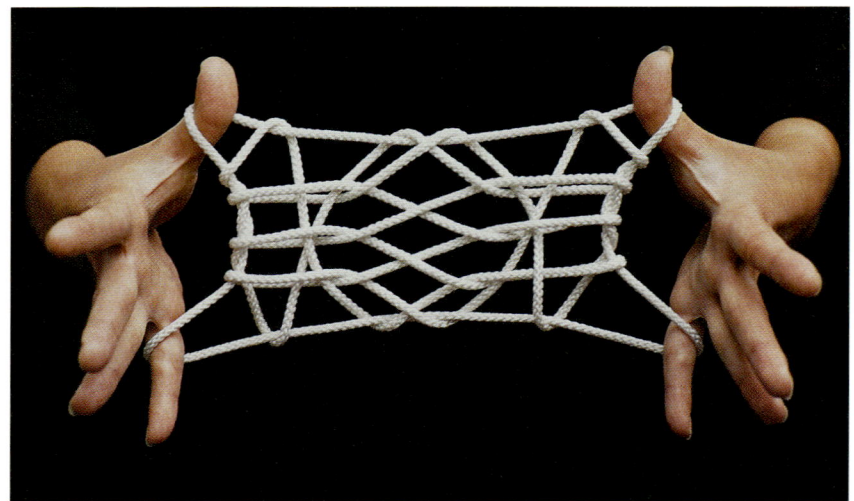

Wie die Menschen das Didj entdeckten

Es gibt auch andere Entstehungsgeschichten für das Didgeridoo, die nichts mit Schöpfungslegenden zu tun haben. Doch manche von ihnen haben durchaus mythischen Charakter.

Die Erzählung vom bösen Riesen ist ein bildhaftes Gleichnis. Das Spielen auf einem Riesenpenis suggeriert kraftvolle Sexualität, spirituell gebändigt durch den Schmerz der vielen Pfeile.

So entführte ein böser Riese zwei Schwestern, bildschöne Mädchen, die im Busch nach Nahrung suchten. Er schleppte sie in sein Versteck und vermählte sich gegen ihren Willen mit beiden. Lange mussten sie mit ihm leben, bis ihnen die Flucht gelang. Sie fanden den Rückweg zu ihrem Stamm. Der wütende Riese suchte sie, indem er ihren Spuren folgte. Doch die Stammesältesten waren darauf vorbereitet. Sie lenkten seine Schritte in eine tiefe Fallgrube. Dann warfen sie so viele Speere nach ihm, bis er aussah wie ein Stachelschwein. In seinem Schmerz wand er sich und begann, auf seinem Penis zu blasen. Ein wundervoller Klang entstand, der die Stammesältesten faszinierte. Sie suchten nach ähnlich mächtigen Blasrohren und fanden sie im Busch in der Gestalt von den von Termiten ausgefressenen hohlen Eukalyptusästen. Ihnen konnten sie die gleichen wundervollen Töne entlocken, die der böse Riese erzeugt hatte. Seit dieser Zeit kennen die Aborigines das Didgeridoo.

Andere Legenden über die Entstehung oder besser die Entdeckung des Didgeridoos durch Menschen sind vordergründigerer Natur: Frauen hörten beim Feuerholzsammeln plötzlich einen voll tönenden, sonoren Klang. Der Wind hatte sich in einem hohlen Ast auf einem Holzstoß gefangen. Die Frauen versuchten daraufhin erfolgreich, durch ihren Atem diesen Ton zu reproduzieren.

Wie Bienen in einem hohlen Ast

Eine weitere Geschichte, die bei den Guguyalangi bekannt ist, erzählt, wie Aborigines im Busch ein ihnen unbekanntes Musikinstrument hörten. Bei der Suche nach dem Spieler fanden sie aber nur Sugarbags, einheimische Bienen, die in einem hohlen Ast summten, als sie sich in seinem Inneren ein Nest bauten. Den Menschen gefiel dieser Klang, und sie lernten, hohle Äste so anzublasen, dass sie ihn erzeugen konnten.

Magie macht unfrei

Von all dieser Traumzeitmythologie, in der nichts uns Bekanntes einen naturwissenschaftlich rational zu begründenden Hintergrund hat, sondern auf irgendeine Weise durch das Leben an sich in Form mythischer Urgestalten entstanden ist, heben sich die New-Age-Philosophie und die New-Age-Praxis erheblich ab. Der so genannte New-Age-Lebensstil beruft sich zwar gerne auf die altaustralische Dreamtime, hat aber viel breitere und tiefere Wurzeln. Dreamtime ist zu einem gut Teil Magie, und Magie befreit nicht, sie fesselt. Magie kennt böse Riesen, hinterlistige Zauberer, götterähnliche bedrohliche Mächte und Dämonen. Der angehende Magier darf in seinen Kulthandlungen ja keinen Fehler begehen, wenn er in dieser dämonischen Welt bestehen will. Erweist er sich als gelehrig, traditionsgetreu, und gelingt es ihm, mächtige spirituelle Verbündete auf seine Seite zu ziehen, dann wird er selbst mächtig, doch dann bedroht ihn regelmäßig die Gefahr des Größenwahns.

Magie ist eine Technik zur Lenkung außerpersönlicher spiritueller Kräfte, um zwingend Einfluss nehmen zu können. Dabei wird eine direkte Interaktion des Menschen mit Geistern oder Gottheiten angenommen.

37

Leben in Harmonie

Anders denken der Schamane und auch der religiöse Mystiker: Sie empfinden die Welt nicht als bedrohlich, sondern wissen sich mit der Natur und all ihren Kreaturen, ja mit dem gesamten Universum in Harmonie. Sie sind zwar unverwechselbare Persönlichkeiten, zugleich aber nichts anderes als kleine Teile eines gewaltigen Ganzen: der Schöpfung. Für sie gibt es keine guten und bösen Kräfte, sondern nur Kräfte an sich, die es gilt, ins Gleichgewicht, in Harmonie zu bringen. Für sie ist nichts bedrohlich, das sie selbst – oder andere Menschen – nicht in bedrohlicher Art und Weise benutzen. Der so verstandene New-Age-Lebensstil ist im Grunde nichts anderes als ein global definierter Neoschamanismus, der aus dem Jahrzehntausende umfassenden spirituellen Erfahrungsschatz aller Ethnien der Welt schöpft und aus ihm das Verbindende extrahiert. Nach diesem Stil zu leben bedeutet, Harmonien zu schaffen, im eigenen Körper, in der eigenen Seele, im persönlichen Umfeld und letztlich im gesamten Universum. Denn der Kosmos ist nichts anderes als ein großes geschlossenes Ganzes, das dann nicht völlig harmonisch sein kann, wenn seine Teile es nicht sind – so, wie ein ganzer Organismus krank ist, wenn auch nur ein einzelnes Organ gestört ist.

Andere New-Age-Anhänger streben eine Art von Nirwana an. Viele von ihnen betrügen dabei sich und andere, indem sie die profane Alltagsarbeit meiden und auf Kosten derer schmarotzen, die sie kritisieren.

Irrwege

New Age ist nicht gleich New Age. Die oben gegebene Definition spiegelt nur eine Auffassung wider. Es gibt deren mehrere andere, die hier nur aufgezählt werden sollen, um sie danach wieder aus dem weiteren Selbstverständnis dieses Buches auszuklammern.

Manche New-Age-Anhänger versuchen schon deshalb nicht, in Harmonie mit der Welt zu leben, weil sie alles, was ihrer selbst gestrickten Philosophie widerspricht, aggressiv bekämpfen. Häufig geben sie sich als eine Art kompromissloser »militanter Pazifisten«. Wieder andere Zeitgenossen sind übersättigte Menschen aus begüterten Familien, die sich den Luxus leisten, ihr Geld zu Wahrsagern, Kartenlegerinnen, Medien

David Hudson beschreibt mit seinem Didgeridoo den Flug der Pelikane, indem er sich völlig in das Wesen dieser Vögel versetzt.

und in Esoläden zu tragen, sich selbst als unerhört spirituell zu empfinden, und bei dem bloßen Gedanken erschaudern, sie sollten ihr voll klimatisiertes Wohnzimmer auch nur für eine einzige Nacht gegen die Einsamkeit in freier Natur eintauschen. Sie ersetzen wirkliche, eigene Lebenserfahrung durch vergoldete Pendel, Wünschelruten, Designer-Tarotkarten, Kristallkugeln und halluzinogene Drogen.

Grundvertrauen in die Schöpfung

Wenn im Folgenden von New Age die Rede ist, dann gewiss nicht in diesem Sinn. Es geht hier vielmehr um den ernsthaften, entschlossenen Vorsatz, Harmonie nicht nur zu fordern, sondern auch selbst zu leben, auf die angstbeladene soziale Überversicherung durch Kapital und Technik bewusst zu verzichten und stattdessen auf Gott und Schöpfung oder Kosmos und Naturkräfte zu bauen. Solche Werte sind keine Geschenke, und sie lassen sich auch nicht kaufen. Man muss sie sich erkämpfen: täglich neu und oft gegen den »Mainstream«. Genau in diesem Kontext hat sich das Didgeridoo als äußerst hilfreich erwiesen.

New Age ist eine um 1980 in den USA entstandene weltanschauliche Bewegung, in der Elemente der Esoterik, der Naturwissenschaften, der Weltreligionen und der östlichen Weisheitslehren vermischt sind.

39

Ganzheitserfahrung, Miteinander, Naturbewusstsein und Spiritualität

Heute gibt es allein in Australien rund 100 000 ernsthafte »New-Age-Lifestyler«, und ihre Zahl wächst Jahr für Jahr um rund zehn Prozent. Zentrales Anliegen dieser New-Age-Bewegung ist eine Harmonisierung der Lebensweise der Menschen mit der Natur, aber auch miteinander. Sie fordert eine Umstrukturierung der Gesellschaft.

Hierbei gibt es vier Grundelemente: den Gedanken der Ganzheit des Erfahrens und Lebens; die Verbundenheit in der menschlichen Gesellschaft durch Miteinander statt Gegeneinander; eine ethisch vertretbare Ökologie; ein kreatives spirituelles Milieu. Diese vier äußerst vernünftigen Grundwerte fehlen den modernen Industriegesellschaften völlig.

Dem Gedanken der Ganzheit, der Verbundenheit mit der Schöpfung, widerspricht bereits das moderne naturwissenschaftliche Weltbild, das analysiert, indem es alles in scheinbar getrennt untersuchbare Einzelteile zergliedert. Eine ihrer Erscheinungsformen ist z. B. die Schulmedizin, die ohne Zögern etwa ein Herzmittel verordnet und damit den Magen schädigt, die gegen Hautkrankheiten Kortison verschreibt und damit Bronchialasthma und schwere Hormonstörungen auslöst.

Auch die Erfahrungen, die wir machen, sind nicht ganzheitlich. Unsere Gesellschaft besteht aus einem Sammelsurium hoch spezialisierter Fachidioten, die nicht mehr in der Lage sind, sich fachübergreifend miteinander zu verständigen.

Die mangelnde Verbundenheit mit der Schöpfung zeigt sich auch in der Zerstörung der Regenwälder, der Ausrottung von Millionen von Tierarten und im Konkurrenzkampf in Industrie und Wirtschaft.

Die fehlende Verbundenheit untereinander ist der Nährboden für negative, krank machende Emotionen: Neid, Hass, Eifersucht und Prunksucht, Überheblichkeit bis hin zur Gigantomanie, Personenkult und entmenschlichende diktatorische Hierarchiestrukturen. Auf dieser Basis gedeihen Terror, Gewalt und Kriege.

Die fehlende ethische Komponente in der Ökologie ist in ihren globalen Folgen heute bekannt. Doch verhindert das mangelnde Verständnis für ein humanes Miteinander, diese Ethik in der Ökologie auch nur ansatzweise aufkommen zu lassen. Wirtschaftlicher Wettbewerb hat den

Vorrang. Statt eines kreativen spirituellen Milieus praktizieren wir krank machende und inhaltlich von Jahr zu Jahr weiter verflachende Reizüberflutung durch Seifenopern, Discolärm und Konsumterror.

Leben aus zweiter Hand

Auch der anspruchsvolle und differenzierter denkende Zeitgenosse besucht lieber klassische Opern- und Konzertaufführungen, statt selbst ein Instrument zu erlernen. Der gehobene Naturfreund folgt Bergwanderempfehlungen aus Büchern und sucht in der Landschaft eher nach Wegemarkierungen, als dass er sie auf eigene Faust für sich neu erobert und erfährt.

Es ist eine gigantische Aufgabe, wenn ernsthafte New-Age-Lifestyler versuchen, in einer solchen Gesellschaft für eine neue Harmonie zu sorgen. Sie müssen ihre Ziele in der Gesellschaft verfolgen, und zwar ohne Aggression, ohne Militanz und ohne Klassenkampf. Sie müssen einfach versuchen, füreinander da zu sein und durch gelebtes Vorbild überzeugte, nicht überredete Nachahmer zu finden. Diese Nachahmer dürfen jedoch keine Jünger sein, die Gurus und anderen Vorbildern nachlaufen. Sie müssen selbst aktiv, kreativ und integer ihr eigenes Leben in die Hand nehmen. Menschen, in deren Fußstapfen man tritt, kann man nicht überholen.

Didgeridoo – Metapher der Ganzheit

Was hat das alles mit dem Didgeridoo zu tun? Nach der Erfahrung jener, die sich dieses Instruments auf ihrem New-Age-Weg bedienen, sehr viel. Das australische Musikrohr gewinnt damit eine völlig neue, überragende Bedeutung, die es in der alten Dreamtime mit gleicher Kraft niemals hatte. Vielleicht findet es überhaupt erst heute seinen wirklichen Stellenwert in der menschlichen Gesellschaft. Die ernst zu nehmenden New-Age-Lifestyler entdeckten die für sie hilfreichen Qualitäten des

Auch die allseits beliebten Naturführer sagen uns nur, wie andere Menschen Schmetterlinge und Pflanzen benannt haben. Ob uns das aber einem tieferen Verständnis für diese Lebewesen näher bringt, ist nicht immer sicher.

Didgeridoos schon in den siebziger Jahren, also vor dessen globaler Popularisierung durch die »Mainstreammusik«. Das Instrument ist für sie eine Metapher der Ganzheit und der Verbundenheit mit der Schöpfung, vor allem mit der Erde. Warum das so ist, erklärt das nächste Kapitel.

Die Erfahrungen und Empfindungen, die das Didgeridoo den New-Age-Lifestylern vermittelt, lassen sich – weil spiritueller Natur – nur schwer »akademisch« beschreiben. Man muss die authentischen Aussagen der praktizierenden Spieler hören, um die starke emotionale, die seelische Komponente wenigstens ansatzweise zu erahnen.

Die Didgeridoo-Forscherin Patricia Sherwood hat Äußerungen weißer australischer New-Ager zusammengetragen. Hier sind einige davon: »Didgeridoo verwurzelt mich tief in der Erde … in der ganzen Erde. Ich fühle mich unglaublich gereinigt und zentriert, als Ganzes, wenn ich Didj spiele … Es verbindet einen tief mit der Erde, mit den Rhythmen des Landes, den Geschöpfen, den Bäumen, allen Lebewesen.« – »Ich bin Teil der Erde. Die Erde ist meine Mutter.« – »Wenn ich Didgeridoo spiele, gibt mir das Instrument die Möglichkeit, mich allem Leben zu öffnen … Dann kann ich diese Erfahrung anderen mitteilen, indem ich für sie Didgeridoo spiele.«

Das Didgeridoo schafft emotionale und spirituelle Brücken zwischen Mensch und Natur, zwischen Körper und Seele und nicht zuletzt auch zwischen den Menschen untereinander.

Die Energie des Ortes

Und dann ist da immer wieder der Hinweis darauf, dass das Didgeridoo seinen Spieler unmittelbar und kraftvoll »erdet«, indem es ihn sowohl innerlich als auch äußerlich mit dem Ort verbindet, an dem er es bläst: »Das Didgeridoo versetzt dich in die Lage, dich in den Geist des Platzes einzustimmen … in die spirituelle Kraft des Platzes, die durch die Energie der natürlichen Umgebung und der menschlichen Aktivitäten bestimmt wird, die dort stattfanden … Einige Orte haben eine sehr starke Energie wie der Platz im Süden, wo ich am Wasser spiele … Ein Didgeridoo-Spieler kann keine Energie erzeugen, wenn sie an dem Platz, an dem er spielt, nicht vorhanden ist … Deshalb spiele ich das Didgeridoo nur selten in der Stadt.«

42

Die Luft von Mutter Erde

Was Sky, der australische New-Ager, der hier zitiert wurde, erfahren hat, deckt sich völlig mit der Auffassung z. B. der Queensland-Aborigines. Sie sagen, dass der Spieler seine Lungen mit der Luft des Ortes, mit der Luft von Mutter Erde füllt und sie dann in das Didgeridoo bläst. Dabei fließt ein wenig von seinem spirituellen Ich mit hinein. Der Geist des Platzes verbindet sich mit dem Ausdruck seiner Seele, und beides gemeinsam wird zum Ton. Deshalb ist das Instrument heilig. Man kann es nicht an einem unreinen Ort spielen. Das ergäbe keine gute Erfahrung. Im Studio, im »Mainstreamkonzertsaal«, gibt es nur wenig, was das Didgeridoo aufnehmen und in Klang verwandeln kann. Man muss es mit hinausnehmen in die Natur und dort an den unterschiedlichsten Plätzen spielen, um es auf einer tieferen Ebene zu erfahren. Und durch das Spiel wird man zugleich mit der Seele den Ort erfassen, an dem man spielt. All diese persönlichen Erfahrungen geben auch einen Hinweis auf die Art und Weise, wie man mit dem Didgeridoo umgehen sollte.

Die Sprache der Seele hörbar machen

Zum spirituellen Lehrer wird das Holzrohr erst, wenn man es nicht intellektuell führt, sondern sich von ihm führen lässt. Das kann man lernen, indem man zunächst versucht, es zum Erzählen zu bringen, wie etwa David Hudson, der damit äußerst einfühlsam den Flug eines Pelikans ausdrückt.

Danach kann man langsam beginnen, mit dem Didj nicht allein Dinge des Alltags klanglich umzusetzen, sondern auch seinen Gefühlen, seiner Stimmung Ausdruck zu verleihen und so die Sprache der eigenen Seele hörbar zu machen. Damit wird das Didgeridoo ein Schlüssel zum Selbst. Aber es beschränkt sich dabei nicht auf egozentrische Nabelschau. Es sagt dir immer, wo du gerade stehst, wie gut oder schlecht du mit allem verbunden bist, was dich umgibt, und es verbessert zugleich deutlich diese Verbindung.

Im Sinn des richtig verstandenen New Age ist es nicht gut, das Didgeridoo nach einem bestimmten Plan oder Konzept wie nach einer vorgeschriebenen Komposition spielen zu wollen. Man sollte sich von ihm führen lassen.

43

Heilen mit dem Didgeridoo

Altes Stammeswissen für Eingeweihte

Fragt man Aborigines, ob und wie das Didgeridoo bei ihnen als Therapieinstrument Verwendung findet, dann werden sie im Allgemeinen sehr wortkarg. Ja, so etwas gäbe es auch. Viel mehr ist nicht zu erfahren. Diese Art des Gebrauchs fällt in den sakralen Bereich, und der ist streng tabu. Davon darf man nur initiierten Aborigines erzählen.

Immerhin äußerte sich Mandawuy Yunupingu, Yuulngu und Gründer der bekannten Musikgruppe »Yothu Yindi«, zu diesem Thema im Vorwort eines englischsprachigen Werks: »Die Yuulngu kennen die heilenden Kräfte des ›yidaki‹ (Didgeridoo) seit langem. Durch den Beitrag der Atemübungen birgt das ›yidaki‹ zusammenfassende Kräfte für den Heilungsprozess. Der Klang überträgt friedvolle Schwingungen, die in den Geist eindringen und in einem Individuum oder einer Gruppe ein spirituelles Einswerden erzeugen. Manchmal wird das ›yidaki‹ zur körperlichen Heilung verwendet, wobei der Spieler seinen Atem auf die kranke Region des Patientenkörpers richtet.«

Wollte man allein von den Aborigines den heilenden Gebrauch des Didgeridoos in Erfahrung bringen, dann käme man nicht sehr weit. Zum einen äußern sie sich nicht oder nur sehr wortkarg zu diesem Thema, zum anderen aber könnten sie uns auch nur einen begrenzten Aspekt der Heilmöglichkeiten mit dem Klangrohr lehren, und der stammt aus der Kultur der Aborigines, ist also nicht unbedingt auf die Erfordernisse der Nichtaboriginalen Bevölkerung zugeschnitten. Wir haben, nicht zuletzt bedingt durch unsere Art der Zivilisation und geistigen Grundeinstellung, andere psychische und physische Probleme als die Angehörigen eines Stammesvolkes.

Beim Vorgang der körperlichen Heilung wird ganz bewusst gesagt, dass der therapierende Spieler seinen Atem auf eine bestimmte Körperregion richtet, nicht dass er sie beschallt. Es handelt sich eben hierbei nicht allein um Klangtherapie, sondern auch um eine spirituelle Heilmethode.

Globale Quellen des Wissens

Im Gegensatz zu den Aborigines steht uns eine weitaus größere Palette naturwissenschaftlich-medizinischen Wissens und völkerübergreifender spiritueller Quellen zur Verfügung. Ein australischer Stammesangehöriger kann beispielsweise nicht auf die tiefen Einsichten der traditionellen chinesischen Heilkunde zurückgreifen, weil er diese nicht kennt. Unsere westlichen Therapeuten können dagegen – sofern sie vorurteilsfrei und weltoffen sind – auf einem riesigen Feld experimentieren und herausfinden, was geschieht, wenn man mit Didgeridoo-Klängen unterschiedlicher Frequenz gezielt die aus der chinesischen Gesundheitslehre bekannten Meridiane bespielt.

Wir kennen die Grundgedanken und zentralen Übungen der Joga-Atmung (Pranajamas) und können diese in ihrer Wirkung mit jenen der zum Didgeridoo-Spiel erforderlichen Zirkuläratmung vergleichen. Einige westliche Psychologen entwickeln derzeit ein erstaunlich einfühlsames Verständnis für die Wirkung des Didgeridoo-Spielens auf Prozesse im Bereich des Unbewussten, indem sie versuchen, archetypische Klangtypen zu erforschen. Neurologen und Immunologen schließlich lernen begreifen, warum und wie das Didgeridoo bei geeigneter Anwendung das Immunsystem kräftigen kann. Dass wir Zugang zu diesen Wissensquellen haben, ist ein großes Geschenk.

Verschiedene Wirkungsebenen

Die psychischen und physischen Wirkungsebenen des Didgeridoos sind vielfältig. Sie reichen von dessen Einsatz als Rhythmusinstrument zur Unterstützung von Bewegungstherapien über frequenzabhängige Klangtherapie, die Stimulierung von Akupunkturpunkten und Meridianen, das Öffnen von Chakras und eine in sich geschlossene Atemtherapie bis hin zur Unterstützung meditativer, suggestiver, hypnotischer und schamanischer Heilmethoden. Entsprechend vielfältig sind die Anwendungsgebiete.

Die Wirkungsebenen bei der Heilung mit dem Didgeridoo sind vielfältig: traumatische Belastungen, Verhaltensstörungen, Phobien, Minderwertigkeitsgefühle, Hysterie, Zwangsverhalten, Aggressivität, Sprachstörungen u. v. a. m.

Kein medizintechnisches Gerät

Angesichts dieses umfassenden Applikationsbereichs dürfte sich der psychologische und/oder medizinische Laie überfordert fühlen, wenn er das Didgeridoo gezielt zu einer bestimmten Therapie oder auch therapiebegleitend einsetzen sollte. Das sollte aber nicht abschrecken, dies auch auf eigene Faust zu versuchen. Kein gewissenhafter Psychotherapeut oder Arzt wird bestreiten, dass das Erlernen irgendeines Musikinstruments (sofern es nicht mit elektronischer Verstärkung zum gehör- und gehirnschädigenden Folterinstrument wird) günstig auf Psyche und körperliche Gesundheit wirkt. Dennoch wäre es übertrieben zu fordern, dass Flötenunterricht, Gitarrenstunden oder Fingerübungen auf dem Klavier nur unter ärztlicher oder psychotherapeutischer Überwachung durchgeführt werden sollten. Gleiches gilt auch für Schwimmen, Radfahren, Bergwandern und viele andere gesundheitsfördernde Beschäftigungen.

Wenngleich das Didgeridoo psychisch und physisch weitaus stärkere Wirkungen hervorruft als die üblichen Musikinstrumente des euroamerikanischen Kulturkreises und in dieser Hinsicht allenfalls mit der tibetischen Klangschale in einem Atemzug genannt werden kann, ist es doch kein medizintechnisches Gerät, dessen unsachgemäße Anwendung negative Nebenwirkungen verursachen würde.

Wird eine Patient vom Didgeridoo in andere Bewusstseinsebenen geführt, so ist es während des Kontakts mit spirituellen Ratgebern völlig sinnlos, wenn ein Psychotherapeut zusätzlich noch eingreifen will, da er gar nicht wissen kann, in welchem Bereich sich der Patient gerade befindet.

Seelenarbeit ist keine Psychotherapie

Manchmal warnen professionelle Psychotherapeuten vor einem angeblich unqualifizierten Gebrauch des Klangrohrs, doch geschieht das wohl eher unbewusst aus der Furcht heraus, das Didgeridoo würde sie selbst in mancher Hinsicht entbehrlich machen. Auch verkennen sie fast immer den Unterschied zwischen psychologischen Therapieformen und spiritueller Heilung und versuchen dann, Letztere steuernd einzugreifen, was deren Wesen krass widerspricht.

Psychotherapeuten halten mangels eigener Erfahrungen schamanische Krafttiere oder Lehrer aus anderen Realitätsebenen oft für Projektionen des Unbewussten ihrer Klienten in geistig fassbare Bilder. Sie belegen diese rein akademische Vorstellung dann gerne mit dem Begriff »Archetypen« und vergessen, dass sich der Urheber dieses Terminus, C. G. Jung, dabei keineswegs auf das persönliche Unbewusste des Menschen, sondern auf das so genannte transpersonale Unbewusste berief, also auf objektive Bereiche außerhalb des Menschen. Wenn diese dem Therapeuten nicht aus eigener kommunikativer Erfahrung auf anderen Realitätsebenen zugänglich sind, dann darf er sich auch nicht anmaßen, seine Patienten in diese Bereiche führen zu wollen. Hat er aber selbst einen intimen Kontakt zu außerpersönlichen Informationsquellen, dann wird er gar keinen Versuch unternehmen, diese durch seine akademische Ausbildung bevormunden zu wollen.

Hier stünde theoretische Hochschulausbildung gegen die Weisheit des Universums. Einen Klienten, den ich in deren Führung weiß, brauche ich nicht mehr als Therapeut zu leiten, sofern ich dieser höheren Führung vertraue. Tue ich das aber nicht, dann macht es wenig Sinn, dem Klienten diesen Zugang überhaupt erst zu verschaffen.

Physische, psychische und seelische Ebene

Doch darf man nach dem bisher Gesagten nichts durcheinander bringen. Das Didgeridoo lässt sich nämlich auf sehr unterschiedlichen Ebenen therapeutisch verwenden: auf der rein körperlichen, also materiellen Ebene, auf psychischer Ebene und auf der Ebene der Seele. Vor allem die beiden Letzten werden oft miteinander verwechselt.

Im Folgenden sollen die Anwendungen auf allen drei Ebenen – beginnend mit der physischen – getrennt vorgestellt werden. Um das Didgeridoo zur Heilung auf körperlicher Ebene sinnvoll einzusetzen, muss man wissen, was man erzielen will, und hierbei spielt das zugrunde gelegte medizinische Weltbild eine Rolle. Denkt man organspezifisch oder krankheitsbezogen, systematisch, oder bevorzugt man ganzheitliches Vorgehen wie etwa die Traditionelle Chinesische Medizin?

Bei der Traditionellen Chinesischen Medizin ist das Hauptziel nicht die Behandlung einzelner kranker Organe, sondern die Wiederherstellung der Harmonie im gesamten Organismus. Mit dem Didgeridoo sind beide Methoden gleichzeitig möglich, egal, von welcher Anschauung man ausgeht.

Atemtherapie

Bei regelmäßigem Didgeridoo-Spiel sinkt mit der Zeit die Ruhepulsfrequenz wie bei einem Ausdauersportler. Auch werden vermutlich die Herzkranzgefäße besser durchblutet, eine gute Vorbeugung gegen Herzinfarkt.

Da ist z. B. die Atemtherapie. Zahlreiche Didgeridoo-Spieler berichten davon, dass der aktive Umgang mit dem Instrument ihr Immunsystem erheblich verbessert. Sie werden weniger anfällig gegen Infektionskrankheiten, und die Neigung zu Allergien lässt nach oder verschwindet völlig.

Der westliche Schulmediziner mag sich das mit einer besseren Sauerstoffversorgung des Organismus durch die für das Didgeridoo-Spiel charakteristische, so genannte Zirkuläratmung ebenso erklären wie durch eine generelle Stärkung von Herz und Kreislauf.

Neurologen und Immunologen werden schon hier die psychische Komponente einer harmonischen Atmung einbeziehen. Sie wissen, dass bei einer ausgewogenen Stimmungslage im limbischen System des Gehirns, aber auch in anderen Nervenzellen im Organismus die Botenstoffe Interleukin 1 und 6 freigesetzt werden, die unmittelbar das Immunsystem stimulieren und somit erheblich verbessern. Auf diese Weise lassen sich sogar Krebs und AIDS positiv beeinflussen.

Bei der Joga-Atmung (Pranajamas) konzentriert sich der Ausübende auf bestimmte Organsysteme. Gleiches kann der Didgeridoo-Spieler mit der Zirkuläratmung für seine Gesundheit tun.

Im Sinn der Atemtherapie denkt der ganzheitlich arbeitende Heiler aber vielleicht auch an Joga-Pranajamas, also an bestimmte Joga-Atemübungen. Unter Prana versteht der Jogi die sich im Urzustand befindliche potenzielle Kraft im Universum, die als innere Ursache aller natürlichen Energien gesehen wird.

In jeder Lebensform ist Prana als Lebenskraft gegenwärtig, während die Luft mit freiem Prana erfüllt ist. Durch die Atmung nehmen wir Prana in uns auf. Weil der zivilisierte Mensch viel zu wenig Ausdauersport in der freien Natur betreibt und außerdem meist eine ruhige, unverkrampfte Atmung völlig verlernt hat, kommt es zu Prana-Defiziten, also zu einem Mangel an Lebenskraft und Widerstandsfähigkeit. Dieses Defizit lässt sich durch verschiedene Formen der Joga-Atmung, durch rhythmisches Atmen beim Langstrecken-Brustschwimmen, auch durch andere sportliche Betätigungen und ganz hervorragend auch durch regelmäßiges Didgeridoo-Spielen beheben.

Vor allem verbindet die für das Didgeridoo erforderliche Zirkuläratmung die günstigen Wirkungen der als Kapalabhati und reinigende Atmung bekannten Pranajamas. Unterstützen kann man sie noch, wenn man beim Didgeridoo-Spielen sein Bewusstsein einmal auf das Innere der Nase und die Reinheit der Atemwege und der Lunge und zum anderen auf den ganzen mit Prana zu versorgenden Blutkreislauf konzentriert.

Im Sinn der reinigenden Joga-Atmung stärkt das Didgeridoo-Spiel die Bauch-, Zwerchfell- und Interkostalmuskeln (die Zwischenrippenmuskeln). Dadurch wird das Nervengebiet des Solarplexus gestärkt und mit neuer Lebenskraft erfüllt, und über das bewegte Zwerchfell werden Herzbeutel und Magenbereich gleichermaßen massiert. Toxine im Blut werden leichter ausgeschieden, chronische Krankheiten aufgelöst, und das Immunsystem wird verbessert. Wer beruflich in schlecht gelüfteten Räumen arbeitet (Eisenbahnzüge, Kneipen, Kinos usw.) und deshalb häufig mit Kopfschmerzen und Erkältungskrankheiten zu tun hat, wird von der Reinigung der Atemwege und des Blutes erheblich profitieren. Zugleich stellen sich aber auch psychische Wirkungen ein: Erhöhung der Konzentrationsfähigkeit und des Selbstvertrauens sowie ein Abklingen hypochondrischer Neigungen und allgemeiner Lebensängste.

Das Didgeridoo-Spielen ist eine hervorragende Lungengymnastik, die die Nase freihält, die Nasengänge von Bazillen befreit und die oberen Luftwege abhärtet.

49

Klangtherapie

Im Sinn der traditionellen Joga-Lehre wirkt das Didgeridoo-Spielen – diesmal nicht von der Atemtechnik, sondern vom Klang her – harmonisierend auf die sieben Chakras des Körpers. Das wissen heute auch westliche Klangtherapeuten. Sie betonen vor allem den günstigen Einfluss der Didgeridoo-Klänge auf Swadhischthana (»Lotos mit sechs Blättern«), das Chakra knapp oberhalb der Geschlechtsorgane, und auf Manipura (»zehnblättriger Lotos«) im Nervenzentrum der Nabelgegend.

Diese etwas einseitige Erfahrung mag daher rühren, dass die meisten von ihnen die schweren, tiefer klingenden sonoren Holz-Didgeridoos bevorzugen. Es würde jedoch den Rahmen dieses Buches sprengen, genau darzustellen, welche Rohre auf welche Chakras wirken und welche Bedeutung die einzelnen Chakras in der Joga-Lehre haben. Deshalb sei hier auf die umfangreiche Spezialliteratur verwiesen.

Drei energetische Leitbahnen (Nadi) erstrecken sich entlang der Wirbelsäule: auf der linken Seite der negative Ida-Nadi, auf der rechten der positive Pingala-Nadi und in der Mitte im Rückenmark der Suschuma-Nadi.

Nadis und Meridiane

Die traditionellen chinesischen Therapieformen kennen zwar auch die Chakras, bewerten aber energetische Leitbahnen, die den gesamten Körper durchziehen, weitaus höher. Auch die Joga-Lehre kennt solche Bahnen. Auf Sanskrit heißen sie »Nadi«.

Mit dem Didgeridoo lassen sich sowohl die Chakras wie die Nadis ansprechen. Der Spieler selbst wählt dabei ein beliebiges Klangrohr und achtet auf Reaktionen in seinem eigenen Körper. Welches Chakra, welches Nadi gerät in Klangresonanz? Vielleicht wird es warm, vielleicht beginnt es zu »kribbeln«, vielleicht entwickelt sich ein wohliges Gefühl. Manchmal sind es auch zwei benachbarte Chakras, die auf diese Weise reagieren. Beim weiteren Spiel konzentriert man sich dann meditativ auf diese Chakras oder Nadis. Experimente mit anderen Rohren werden andere Chakras ansprechen. Die chinesische Medizin arbeitet nicht bevorzugt mit Chakras und Nadis. Sie kennt so genannte Meridiane im Körperinneren und an der Körperoberfläche, die sie als energetische Bahnen

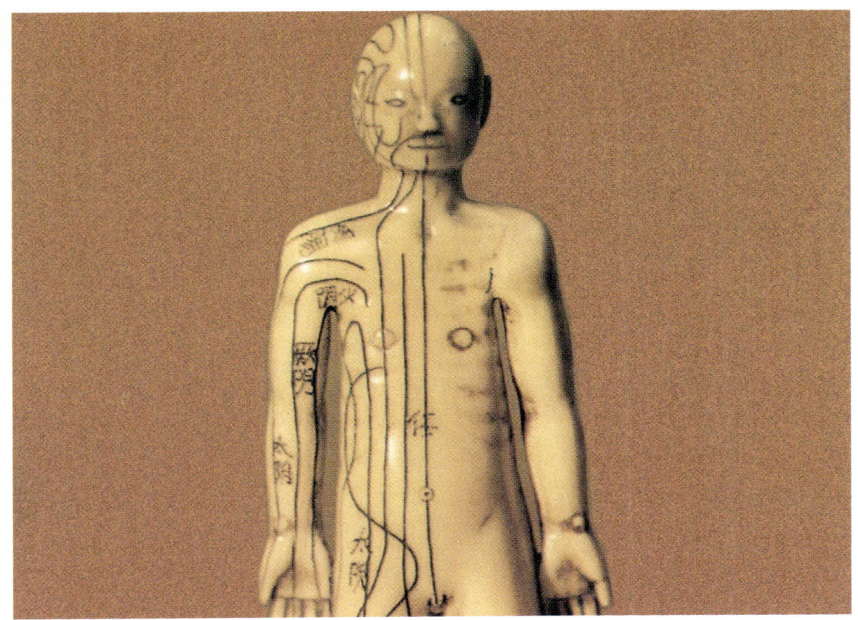

In der chinesischen Heilmassage werden vor allem die Energieflüsse in den Meridianen harmonisiert. Eine vergleichbare Wirkung lässt sich durch Bespielen mit dem Didgeridoo erzielen.

versteht. Heute haben sich in Europa vor allem manche Heilpraktiker diese Meridianlehre mit großem Erfolg zu Eigen gemacht. Bei einer Art klanglicher Meridiantherapie mit dem Didgeridoo setzen auch die nordaustralischen Aborigines an. Manchmal werden allerdings kranke Organe wie Leber, Herz, Geschlechtsorgane, Magen oder auch die großen Gelenke gezielt angespielt. Sowohl das Meridian- wie das Organbespielen sorgen für eine beachtliche Stimulierung dieser Regionen auf unmittelbar körperlichem Weg. Die lokale Durchblutung verbessert sich, und die örtlichen Nerven werden mobilisiert. Dadurch kommen stagnierende Körperprozesse manchmal überraschend schnell wieder in Gang, und energetische Blockaden in den Meridianen lösen sich auf. Bei chronischen Zuständen und Beschwerden ist diese Art der direkten Klangtherapie auch sehr wirksam, muss allerdings öfter wiederholt werden.

Von den Meridianen spielen 14 eine wichtige Rolle. Ihr genauer Verlauf lässt sich in Handbüchern über Traditionelle Chinesische Medizin nachschlagen. Für das Bespielen mit dem Didgeridoo genügen ungefähre

Die nordaustralischen Aborigines bespielen den Meridianen ähnliche Leitlinien und besondere Punkte darauf. Das Rohrende des Digeridoos hat dabei vom Körper einen Abstand von nur wenigen Zentimetern. Die Klangschwingungen werden so direkt auf den Körper übertragen.

51

Angaben, weil das Klangrohr ohnehin nicht schmalen Linien folgt, sondern breitere Bahnen auf dem Körper bestreicht. Es ist nicht möglich, mit dem Didgeridoo exakt die Außenseite des kleinen Fingers zu verfolgen; es genügt, wenn man dem kleinen Finger selbst folgt.

Akupunkturpunkte liegen auf Meridianen

Auf den 14 wichtigsten Leitbahnen liegen auch alle bedeutsamen Akupunkturpunkte. Während westliche Mediziner, die sich mit der Akupunktur befassen, ihr Augenmerk auf ebendiese Punkte richten, stellen die chinesischen Ärzte die Bedeutung der Meridiane als energetische Leitbahnen über diese konkreten Punkte. Die Meridianlehre unterstreicht, dass Störungen innerhalb eines Meridians zu Disharmonien entlang dem gesamten Meridian führen und dass andererseits solche Störungen auch als Resultate einer Disharmonie im jeweils mit dem Meridian verbundenen Organ in Erscheinung treten. Schmerzen an der Zungenwurzel, aber auch solche in der unteren Bauchhöhle oder an der Außenseite des Knies können demzufolge von Milzstörungen verursacht sein, weil all diese Punkt auf dem Milzmeridian liegen. Ein Leberdefekt kann sich z. B. in Entzündungen an den Augen manifestieren.

Es hat sich nun in jüngster Zeit gezeigt, dass das direkte Bespielen eines Meridians mit dem Didgeridoo in der korrekten Flussrichtung in diesem Meridian für Ausgewogenheit, für Harmonie und Wohlbefinden sorgen kann und damit günstig auf das zugehörige Organ wirkt. Hierbei kann man glücklicherweise kaum Fehler machen, denn die Schwingungen des Didgeridoo-Klangs wirken generell ausgleichend, indem sie unterbrochene Energieflüsse wieder zum Strömen bringen. Auch wird der auf diese Weise klangtherapeutisch behandelte Patient im Allgemeinen direkt empfinden, dass ihm das Beschallen gut tut.

Versuche mit verschiedenen Frequenzen

Ist sich der behandelnde Didgeridoo-Spieler sicher, dass er den einem Krankheitsbild entsprechenden Meridian gefunden hat, und die Wirkung bleibt dennoch aus, dann sollte er es mit einem Instrument versuchen, das eine andere Frequenz abgibt.

Störungen in den Meridianen führen, je nach Meridian und betreffendem Organ, zu einer Über- oder Unterfunktion ebendieser Organe. Stress, Wut, Ärger können zu einer Überaktivität der Leber führen, welche wiederum den Lebermeridian beeinflusst, von dem aus Probleme z. B. bei Lunge oder Augen auftreten können.

Wer mit dem Didgeridoo im Sinn der Meridiantherapie systematisch arbeiten will, sollte sich aber prinzipiell ein solides Grundwissen auf dem Gebiet der Traditionellen Chinesischen Medizin erwerben, ganz gleich, über welche Art der westlichen medizinischen Ausbildung er verfügt.

Bespielen von Akupunkturpunkten und Organen

Natürlich lassen sich auch bekannte Akupunkturpunkte direkt und heilsam mit dem Didgeridoo anspielen. In diesem Zusammenhang ist auch ein Aspekt der heilsamen Wirkung des aktiv gespielten Didgeridoos zu verstehen: Das permanente Vibrieren der Lippen dabei aktiviert wohltuend die gerade in diesem Bereich sehr zahlreichen Akupunkturpunkte. Wer das europäisch Vordergründigere vorzieht, kann durchaus auch versuchen, unmittelbar kranke Organe anzuspielen und zu beschallen. Gleiches tun die Aborigines.

Doch hier sollte man Vorsicht walten lassen. Bei einer Schilddrüsenüberfunktion sollte man nicht gerade den Hals anspielen, sondern es

Das Beschallen mit dem Didgeridoo fördert ganz allgemein die Funktionen von nicht mehr normal arbeitenden Organen. Ein schwaches Herz, träge Verdauung, geschwächte Nieren oder nachlassende Potenz – all dies kann man mit guten Erfolgsaussichten mit dem Didgeridoo zu therapieren versuchen.

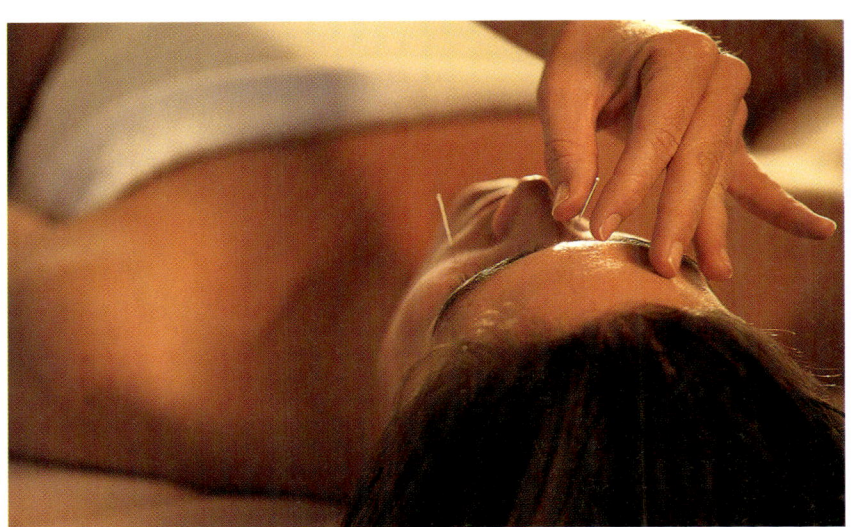

In manchen Körperregionen liegen die Akupunkturpunkte besonders dicht, z. B. am Ohr, rund um die Augen und im Bereich der Lippen. Durch die Vibrationen beim Didgeridoo-Spiel werden alle Akupunkturpunkte auf den Lippen aktiviert.

vielleicht mit dem Herzen versuchen, denn häufig geht nach chinesischer Auffassung eine Schilddrüsenhyperaktivität mit gewissen Herzdisharmonien einher. Auch an ein Bespielen der Leber und der Niere sollte man dabei denken. Der Nierenmeridian, auf dem die Schilddrüse liegt, führt schließlich durch Nieren, Leber und Herz, und wenn es in einem dieser Organe zu energetischer Leere oder zu einem Stau längs des Nierenmeridians kommt, dann ist ein energetischer Überschuss in der Schilddrüse durchaus möglich.

Die Didgeridoo-Anwendung vor dem Hintergrund des medizinischen Wissens der Jogis und der Traditionellen Chinesischen Medizin wurde hier ganz bewusst unter den körperlichen und nicht etwa bei den psychischen oder gar seelischen Therapieformen behandelt, obwohl sich gerade im Joga und in der chinesischen Medizin alle drei Ebenen nicht strikt voneinander trennen lassen, denn beide Lehren denken ganzheitlich. Die Zuordnung geschah, weil zahlreiche in der westlichen Welt verbreitete, organisch manifeste Symptomenkreise sehr gut auf diese Therapieformen ansprechen.

Einige moderne Musiktherapeuten sehen im Didgeridoo das vielseitigste ihnen zur Verfügung stehende Klanginstrument. Zwar noch jung in der Therapiepraxis, bezeichnen sie es doch bereits als unverzichtbar.

Psychische Indikationen

Neben den körperlichen Therapieformen gibt es noch weitere Einsatzmöglichkeiten des Didgeridoos auf Gebieten, in denen sich psychisch bedingte und körperlich manifeste Störungen überlagern. Nach Erfahrungen des US-amerikanischen Arztes Guy Grant bewährt sich aktives Didgeridoo-Spiel (also nicht allein die Beschallung) z. B. hervorragend zum Beheben des Stotterns.

Auf dem Gebiet der vielfältigen Einsatzmöglichkeiten des Didgeridoos im Bereich der Psychotherapie hat sich in jüngster Zeit vor allem der Würzburger Arzt und Musiktherapeut Wolfgang Strobel besonders verdient gemacht. Er verwendet das australische Klangrohr sowohl gruppen- wie einzeltherapeutisch und ist überzeugt, dass es sich im Behandlungsangebot einen Platz erkämpft hat, »der durch nichts anderes zu ersetzen ist«.

Musiktherapie

Aktive Musiktherapie

Strobel unterscheidet bei der Anwendung sinnvollerweise zwischen aktiver und rezeptiver Musiktherapie. Im ersteren Kontext erfüllt das Didgeridoo verschiedene Funktionen. Zum einen hat Musizieren generell einen positiven Einfluss auf die Psyche (es sei denn, man verwechselt Musizieren mit nachweislich krank machendem elektronisch verstärktem Lärm). Hier ist das Didgeridoo immer dann willkommen, wenn ein Patient kein anderes Musikinstrument beherrscht. Eine rasch eingeleitete aktive Musiktherapie mit einem Klavier oder einer Geige ist kaum möglich, denn es kann Jahre dauern, bis der Patient ein solches Instrument zufrieden stellend spielt. Das Didgeridoo ist aber in wenigen Wochen beherrschbar, und das selbst für ansonsten unmusikalische Zeitgenossen. Und schon innerhalb weniger Stunden gelingt es dem Anfänger, dem Rohr annehmbare Töne zu entlocken. Mit der Zirkuläratmung kann er sich am Anfang durchaus Zeit lassen.

In Gruppensituationen verwendet Strobel das Didgeridoo zuweilen mit gutem Erfolg zum Lösen aufgestauter Emotionen, energetischer Blockaden und massiver Hemmungen. Er lässt seine Patienten aus vollen Lungen wie ein posaunender Elefant oder ein röhrender Hirsch in das Rohr blasen. So etwas befreit und gibt Kraft und Selbstvertrauen zugleich. Der berühmte bioenergetische Urschrei könnte nicht überzeugender auf das Ego wirken.

Und sogar als Perkussioninstrument entfremdet Strobel das Didgeridoo, um damit rhythmische Entspannung zu erzielen: Der Therapeut hat herausgefunden, dass ein warmer, klingender Ton entsteht, wenn man mit einer flachen Hand auf das Ausblasende der Röhre schlägt.

Eine weitere gute Therapieform ist nach Strobel auch, sich in wenigen Stunden z. B. aus Bambusrohr ein Didgeridoo selbst zu bauen, mit dem man anschließend auch noch spielen kann. Das ist eine einfache und effektive Form der Beschäftigungstherapie für alle, die »null Bock« auf nichts haben.

Rezeptive Musiktherapie

Beeindruckend sind auch Strobels Erfolge auf dem Gebiet der rezeptiven, also der empfangenden Musiktherapie, bei der der Patient einfach den Didgeridoo-Klang auf sich wirken lässt. Hier betritt Strobel bereits den Grenzbereich zwischen psychischer und seelischer Behandlung des Patienten, wobei er sich selbst allerdings des Unterschiedes zwischen beiden offenbar nicht völlig bewusst ist, denn auch bei rein seelischen, also gleichsam gnostischen Erfahrungen seiner Patienten greift er als Psychotherapeut steuernd ein. Auch legt er entschieden Wert darauf, die psychische Situation seiner Patienten vor einer gezielten Therapierung mit dem Didgeridoo so genau wie möglich analysiert zu haben. Hier unterscheidet er sich erheblich vom schamanischen Vorgehen, das an die Stelle der möglicherweise fehlerhaften Expertendiagnose (die Psychotherapie ist niemals besser als der Therapeut) ein gesundes Vertrauen in Gottes Schöpfung bzw. in die kosmische Harmonie setzt und die Berechtigung zu diesem Grundvertrauen heute durchaus empirisch nachweisen kann. Im schamanischen Sinn ist immer das Didgeridoo der Führer, niemals der Therapeut.

Der Musiktherapeut Strobel bespielt auch den Bauch von magersüchtigen Patientinnen. Sie bekommen dadurch ein neues Bewusstsein für diesen Körperbereich und akzeptieren ihre Körperlichkeit. Dies führt zur Heilung des psychosomatischen Leidens.

Doch zurück zum klassisch psychotherapeutischen Einsatz des Didgeridoos. Auch auf diesem Weg erzielt man beachtliche Erfolge. Strobel erklärt das damit, dass seine Patienten den »Klangarchetypus« des Didgeridoos erfahren und dadurch die Möglichkeit, verschüttete Traumen bis hinein in den pränatalen Erlebnisraum dem Bewusstsein wieder zugänglich zu machen, nutzen können und diese damit durcharbeiten und auflösen können.

Er hilft z. B. Frauen, bei den Klängen des Didgeridoos auf spiritueller Ebene Schwangerschafts- und Geburtserlebnisse (in der Austreibungsphase) zu erleben und als wunderschön zu erfahren. Auf diese Weise finden sie zu einer vertieften Selbstannahme und innerer Ruhe.

Sexuell gehemmte Menschen finden durch den unmittelbaren Didgeridoo-Klang im Bereich ihres Unterleibes einen neuen, natürlichen Zugang zu ihrer Geschlechtlichkeit. Während Frauen hierbei häufig wundervolle Gefühle der Hingabe und des Empfangens empfinden, erleben selbst sehr schüchterne männliche Patienten eine bisher kaum gekannte innere Kraft.

Die derart mit dem Didgeridoo Behandelten berichten von seelischen Urerlebnissen: »Auf einmal war ich in einer Büffelherde … Es ging da sehr brünftig und animalisch zu … Dann sah ich einen Wigwam, später eine Höhle, eine richtige Erdhöhle. In ihr tanzten Medizinmänner um ein Menschenwesen. Es ging ... um eine Initiation und hatte zu tun mit der Frauenwelt ... Es ging darum, dass ein Mädchen zur Frau wurde. Manchmal war ich das Mädchen, manchmal erlebte ich es von außen. Auffällig war ... ein klares Annehmen.«

Ein anderer, männlicher Patient Strobels beschrieb das Klangerlebnis so: »Ich sitze auf einer rotbraunen Erde, die ich ganz deutlich spüre. Ich fühle die Kraft der Natur.« Oder: »Auf einmal stieg ein starkes Gefühl von Naturverbundenheit in mir auf ... Ich habe mich in der schrägen, steilen Wand kletternd gefühlt und deutlich den Fels spüren können. Mich hat es sehr bewegt zu spüren, wie mich der Fels hält ... Die Erde trägt mich auch an der Schräge!«

Derartige Erlebnisse schaffen Selbstvertrauen und Vertrauen in die Schöpfung, als deren untrennbarer Teil sich der Erlebende empfindet. Manchmal, so berichtet Strobel, ergeben sich auch angstbeladene Situationen. Beim Hören oder körperlichen Empfinden des Didgeridoos erlebte sich einer seiner Patienten in einer engen und niedrigen Höhle, tief in der Erde. Er sprach von »Gefangensein oder Ausgestoßensein«.

Nicht immer beschert das Abtauchen in andere Bereiche angenehme oder schöne Empfindungen. Das Gefühl des Gefangen- oder Ausgestoßenseins zeigt die aufdeckende Wirkung des Didgeridoo-Klanges, der vermutlich vorgeburtliche Probleme anrührt.

In Australiens trockenem Herzen, der Region um den Ayers Rock, werden heute zwar die meisten Didgeridoos an Touristen auf der Suche nach Souvenirs verkauft, traditionell ist das Klangrohr hier aber unbekannt.

Strobel erklärt im Einklang mit der klassischen Betrachtungsweise der schulischen Tiefenpsychologie ein derartiges Erlebnisbild mit einer Regression in den pränatalen Bereich, die aus irgendeinem Grund als schrecklich erlebt wurde. Genau in solchen Situationen gelingt es dem ansonsten ausgezeichneten Therapeuten nicht immer, dem Patienten einen Ausweg aus eigener Kraft zu ermöglichen. Er greift in derartige beängstigend wirkende »Traum-« oder »Phantasiereisen« von außen steuernd ein: »In der Klangmeditation unterstützt der Therapeut den Brückenschlag vom Unbewussten zum Wachbewusstsein dadurch, dass er mit dem Meditierenden ständig im Gespräch bleibt. Als Begleiter nimmt er ihm das Aufpassen und Mitdenken ab, steht ihm in Gefahren bei, hilft ihm, Lösungsmöglichkeiten zu entdecken. So kann der Patient getrost in andere Wirklichkeiten und andere Welten reisen, ohne die Verbindung zur Alltagsrealität zu verlieren.« Hier kann der solide ausgebildete Fachmann noch nicht über den traditionellen Schatten der durch ihn gesteuerten klassischen Psychotherapie springen.

Therapeuten, die glauben, bei »Klangreisen« eingreifen zu müssen, können ihren Patienten mehr schaden als nützen. Im schlimmsten Fall führt es zur Abhängigkeit, wie das bei Therapien mit Hypnose bekannt ist. Die Folge können Minderwertigkeitskomplexe sein: »Warum schaffe ich nichts allein?«

Seelenarbeit mit dem Didgeridoo

Die durchaus mit wissenschaftlichen Methoden arbeitende Foundation for Shamanic Studies in den USA und ähnliche Institutionen gehen hier einen entscheidenden Schritt weiter. Sie fordern, auf keinen Fall steuernd in Patientenreisen in andere Wirklichkeitsebenen einzugreifen, und das aus zwei guten Gründen: 1. Der steuernde Therapeut kann sich irren (Irren ist nun einmal menschlich) und dann dem Patienten eher schaden als nützen. 2. Beschreitet der Therapeut aber den für seinen Patienten optimalen Weg, dann beraubt er diesen einer fundamentalen Erfahrung, nämlich des festen Bewusstseins, ein ihn betreffendes schwer wiegendes Problem vollkommen aus eigener Kraft gelöst zu haben. Der Zugang zu den hinter diesen Lösungsmechanismen stehenden transpersonalen seelischen Erkenntnissen bleibt ihm dadurch dauerhaft versperrt. Er hält sich für in entscheidenden Situationen allein nicht handlungsfähig und bleibt auf den Therapeuten angewiesen.

Schamanische Heilerfolge

Die Erfahrung lehrt, dass schamanisch arbeitende Therapeuten nicht nur bei Stammesvölkern, sondern in den USA zunehmend auch im universitären Bereich wesentlich durchgreifendere Heilerfolge aufweisen können als klassische Tiefenpsychologen. Sie arbeiten auf seelischer Ebene. Ein Musterbeispiel dafür ist die Psychiatrieprofessorin Sandra Ingerman, die ihre früheren Therapieformen vor vielen Jahren gänzlich zugunsten schamanischer Arbeit aufgab.

Ich selbst erlebte einmal eine Frau mittleren Alters, die während einer schamanischen Reise fast eine halbe Stunde lang lauthals in panischer Angst schrie und am Ende fast von Erstickungsanfällen geschüttelt wurde. Niemand griff irgendwie steuernd ein. Aber die Frau sprach ihre quälenden inneren Erlebnisse in ein Mikrofon, soweit ihr das überhaupt noch möglich war. Zwei Minuten vor Ende der Reise wandelte sich das Bild schlagartig. Sie sackte müde und entspannt in sich zusammen und hatte drei einander ähnlich gelagerte schwerste Traumen aus verschiedenen Altersphasen ihres Lebens endgültig überwunden. Sehr präzise beschrieb sie anschließend, was in ihrem Bewusstsein zu dieser Auflösung geführt hatte, und sie erwähnte zugleich, dass sie wegen einer Fülle psychosomatischer Probleme fünf Jahre lang tiefenpsychologisch behandelt wurde. Doch immer wieder erlebte sie die Traumen schmerzhaft aufs Neue. Und niemals kam es zur Lösung, weil sie sich selbst als Verursacherin dieser Traumen sah und auch anklagte und diese Einstellung gegenüber allen hilfreich eingreifenden Therapeuten hartnäckig verteidigte, da sie an ihre eigene Version bereits glaubte.

Erst der Kontakt mit einem spirituellen Lehrer während der halbstündigen schamanischen Reise wirkte Wunder. Die übermächtige Gestalt zwang die Frau, ihre Unschuld an allem Vorgefallenen klar zu bekennen und stattdessen ebenso deutlich einen anderen Verantwortlichen zu benennen, den sie zuvor stets unbewusst und bewusst entlastete, weil sie ihn liebte.

Die befreienden Worte waren: »Ja. Ja!! Ich gebe es ja zu: Er hat mich umgebracht! Er hat mich umgebracht!!«

Sandra Ingerman hat, seit sie die klassischen Therapieformen aufgab, Hunderte von schwerst traumatisierten Vietnamveteranen geheilt, denen vorher keine Psychotherapie helfen konnte.

Das klassische Trance-induktionsinstrument bei Stammensvölkern ist die Schamanen-trommel. Eine ähnliche Funktion erfüllt manchmal das australische Didgeridoo.

Tranceinduktion

Kirpal Singh beschreibt die Erfahrung des kosmischen Urtons als »flammenden Ton« oder »tönende Flamme«, Patandschali als »Summen des kosmischen Motors«.

Das im vorhergehenden Kapitel beschriebene Beispiel ist eines von vielen. Die dramatische und heilsame schamanische Reise erfolgte zu den Klängen einer rhythmisch monoton geschlagenen Trommel als tranceinduzierendes Instrument. Genau die gleiche Funktion erfüllt auch das Didgeridoo. Beide Instrumente regen die Produktion so genannter Theta-Wellen im Gehirn an. Das sind die Hirnströme begleitenden elektromagnetischen Wellen, die charakteristisch für meditative Zustände sind. Sie lassen den Patienten, wenn er völlig entspannt ist, in weite Bereiche gleiten, in denen auch vorgeburtliche Probleme gespeichert sind.

Die Trommel ist dafür bis heute weltweit das Mittel der Wahl in schamanisch arbeitenden Gesellschaften und auch in wissenschaftlich untermauerten neoschamanistisch praktizierenden Kreisen. Das Didgeridoo wird dafür noch recht selten verwendet, weil es ihm international bis vor wenigen Jahren an Bekanntheit fehlte. Heute zeichnet sich aber ab, dass es in mancher Hinsicht der Schamanentrommel sogar überlegen sein kann. Damit wird die Brücke zwischen der Sprache der Seele und der elementaren Sprache der gesamten Schöpfung geschlagen. Das verbessert die Kontinuität der schamanischen Reise ebenso wie die Intensität und mögliche Erlebnisfülle auf seelischer Ebene.

Neben der vom Verstand dominierten verbalen Sprache und der sich in Metaphern, Gefühlen usw. artikulierenden Sprache der Seele gibt es auf einer viel tieferen Ebene noch eine weitere Sprache: die Grundsprache der Schöpfung bzw. des Kosmos. Sie ist völlig transpersonal und auch nicht allein Ausdrucksmittel lebender Organismen. Einige Naturwissenschaftler neigen heute dazu, sie als »kosmisches Informationsfeld« zu bezeichnen.

Wie nun dem Verstand nur ein geringer Teil der Sprache der Seele zugänglich und begreiflich ist, so kann auch die Seele nur einen geringen Teil dieser kosmischen Grundsprache aufnehmen. Und bei weitem nicht alles, was sie auf diese Weise erfährt, wird dann wiederum dem Verstand bewusst. Er nimmt von dieser Grundsprache lediglich für ihn nicht analysierbare Schwingungen wahr, die sich ihm als der kosmische Grundton OM darstellen. Das bestätigen nicht nur Schamanen in aller Welt, sondern z.B. auch zahlreiche erfahrene Joga-Meister und meditationsgeschulte Zen-Mönche, die erfahren haben, dass man auch ohne jedes äußere Geräusch ein tiefes, brummendes OM hört, wenn man lange genug spirituell arbeitet.

Die Seele wird von der kosmischen Grundsprache weitaus stärker beeinflusst, als es dem Verstand bewusst ist. Was sich im seelischen Bereich des Patienten ereignet, der Didgeridoo-Klänge hört, lässt sich vielleicht am ehesten mit dem Gegenteil eines traumatischen Geschehens vergleichen. Obwohl Schamanen mit dieser seelischen Heilmethode weltweit seit Jahrtausenden erfolgreich arbeiten, kennt die westliche Welt dafür nicht einmal einen Begriff. In Analogie zum Trauma (verletzendes Ereignis) möchte ich solche auf seelischer Ebene heilenden Erlebnisse als »Iatra« (heilendes Ereignis) bezeichnen. Wer auf diesem Gebiet mit dem Didgeridoo auf einer soliden Basis eigene Erfahrungen sammeln möchte, der sollte sich mit den Grundlagen des Schamanismus befassen, wie ich sie in dem »Heilbuch der Schamanen«, ebenfalls erschienen im LUDWIG Verlag, dargelegt habe.

Das Didgeridoo wird immer mehr in schamanisch praktizierenden Kreisen angewendet, in denen bisher ausschließlich die Trommel als tranceinduzierendes Instrument benutzt wurde. Im Gegensatz zur Trommel kann das Didgeridoo dem Hörer und auch dem Spieler Grundenergiemuster erschließen, wie sie auch in der kosmischen Urschwingung OM gegeben sind.

Woolybutt-Holz, Bambus oder PVC?

Ein interkultureller Vergleich

Im Kapitel über Traumzeit und New Age war davon die Rede, dass in den Schöpfungslegenden der Aborigines mythischen Schnurfiguren eine sehr ähnliche Bedeutung zukommt wie dem Didgeridoo und auch den Klanghölzern. Im Gegensatz zum Didgeridoo, das ursprünglich nur die Aborigines kannten, sind sakrale Schnurfiguren bei Hunderten von Stammesvölkern in aller Welt gebräuchlich.

Hier bietet sich ein interkultureller Vergleich im Umgang mit sakralen Dingen an. Traditionell verwurzelte Aboriginale Didgeridoo-Spieler bezeichnen nämlich gerne ausschließlich das von Termiten ausgehöhlte Holzrohr als »echtes« Didgeridoo, alles andere empfinden sie als bloße »Soundröhren«, die ähnlich gespielt werden können wie das Didgeridoo. Die Frage, ob solchen Äußerungen wirklich spirituelles Wissen zugrunde liegt oder ob es sich lediglich um ein intellektuelles oder emotionales Festhalten an Altbekanntem handelt, lässt sich durch den Vergleich mit sakralen Schnurfiguren sehr einfach beantworten. Zeigt man nämlich Aborigines sakrale Schnurfiguren aus anderen Kulturkreisen, also z. B. solche von nordamerikanischen Indianern, Eskimos oder aus Polynesien, dann lehnen sie diese ebenso als völlig unspirituell ab wie Klangrohre aus PVC.

Hier zeigt sich deutlich, dass Stammestraditionen eine genauso starke mythische Bindung bewirken können wie tatsächliche mystische Erfahrungen. Und ebendas übersehen viele New-Age-Anhänger, vor allem westliche Möchtegern-Esoteriker, die aus eigener spiritueller Unsicherheit eine vermeintliche Sicherheit bei jenen suchen, von denen sie sie erwarten: bei Stammesvölkern. Aber striktes Plagiieren führt nicht zur

Mythische Schnurfiguren kommen in den australischen Schöpfungslegenden der Bedeutung des Didgeridoos sehr nahe. Zeigt man aber Aborigines Schnurfiguren aus anderen Kulturkreisen, wie z. B. der nordamerikanischen Indianer, so vermögen sie diese nicht als sakrale Figuren zu erkennen, da sie keine innere Beziehung dazu haben.

Sicherheit, sondern allenfalls zur Angst, etwas falsch zu machen. Deshalb hält man sich dann häufig strikt an Äußerlichkeiten, die jenseits eines tradierten Kulturkreises aber völlig belanglos sind.

Es sei hier mit aller Deutlichkeit gesagt: Ob das Didgeridoo aus termitenbenagtem Eukalyptus, aus Bambus, Kunststoff oder vielleicht auch aus Ton gefertigt ist, hat auf dessen spirituellen Charakter keinerlei Einfluss. Die Spiritualität liegt nicht im Material, sondern im persönlichen Umgang mit dem Rohr.

Technisch-physikalische Unterschiede

Die Unterschiede der verschiedenen Materialien für den Didgeridoo-Bau sind technisch-physikalischer Natur. Denn sowohl die geometrischen Formen des Instruments wie die Resonanzeigenschaften des Werkstoffs haben einen entscheidenden Einfluss auf Tonhöhe und Klangcharakter des Didgeridoos. Beide aber sind Geschmackssache. Nicht jeder Mensch wird gerne mit den rauen, manchmal fast knarzenden Tönen umgehen, die aus einem Glas- oder einem Keramikrohr kommen. Es gibt Spieler, die Kunststoff-Didgeridoos generell ablehnen, weil sie zu »röhrenartig« klingen würden; andere versichern nachdrücklich, dass gerade PVC- oder auch Polypropylen-Wasserrohre das Nonplusultra seien. Wieder andere Spieler empfinden Bambus als einziges Material, das es klanglich mit Eukalyptusrohren aufnehmen könne, während andererseits manche Spieler Bambus als »nicht erdig genug« weniger schätzen.

Nicht jeder Organismus wird vom gleichen Klang, vom gleichen »Schwingungsmix« aus Grund- und Oberwellen auf die gleiche Weise in Resonanz versetzt. Das hängt mit dem Knochenbau des Spielers ebenso zusammen wie mit den Resonanzhohlräumen, also etwa dem Brust-Lungen-Volumen.

Wichtig ist natürlich auch, in welcher Körperregion ein Spieler für Energien, die ihn als Schwingung erreichen, besonders empfänglich ist: im Schädel, im Gebiet des Solarplexus, im Unterleib oder an anderen Stellen. Wer das für sich ideale Didgeridoo finden will, dem bleiben

Den spirituellen Charakter eines Didgeridoos kann man nicht auf ein bestimmtes Material festlegen. Egal, ob ein australisches Holz-Didgeridoo, bemalt oder nicht bemalt, oder ein Auspuff- oder Staubsaugerrohr verwendet wird, entscheidend ist die innere Einstellung zu dem Rohr, ob man ihm spirituelle Kräfte zutraut oder ob man lediglich Töne erzeugen will.

praktische Experimente nicht erspart. Dabei kommen viel mehr Komponenten zum Tragen, als man vielleicht zunächst annehmen möchte. Natürlich spielt für manche Menschen auch das Aussehen des Didgeridoos eine wichtige Rolle. Der eine wird sich in den seidigmatten Glanz eines glatten rehbraunen Eukalyptusrohrs verlieben, der andere wird einem knorrigen und krummen hellen Holzstück, das ihm »uriger« erscheint, den Vorzug geben. Den Ästheten der reinen, klaren Form kommen vermutlich Glasrohre entgegen.

Manche Spieler gehen gern mit sehr schweren Instrumenten aus Hartholz um, weil sie sich dadurch besser »geerdet« fühlen, anderen liegt eher das elegante, sehr leichte Bambusrohr.

Eukalyptus gehört botanisch zur Gattung der Myrtengewächse und ist kennzeichnend für Australien und Tasmanien. Es gibt schnellwüchsige Arten, die bis zu 60 Meter hoch werden. Das harte, schwere Holz wird gern auch als Konstruktionsholz verwendet.

Eukalyptus und anderes Holz

Das gängige Material ist in Australien heute Eukalyptus. Hierbei kommen verschiedene Baumarten infrage. In den Küstenregionen von Arnhemland sind »stringy bark« *(Eucalyptus tetrodonta)* und »woolybutt« *(Eucalyptus miniata)* verbreitet. Im Gebiet um Katherine und südlich

Haben die australischen Didgeridoo-Hersteller geeignete Eukalyptusrohre (im Bild Eucalytus tetrodontra) gefunden, werden diese nach dem Fällen erst einmal entrindet.

davon verwendet man die dort häufige Art »red river gun« *(Eucalyptus camaldulensis)*. Weniger verbreitet sind Didgeridoos aus dem Holz von »yellow box gumtree« und »bloodwood«.

Doch nicht nur Eukalyptusarten kommen infrage. In Maningrida spielen Einheimische gelegentlich auf Rohren aus dem Holz einer Palme *(Livistona humilis)*. Außerdem gibt es Aboriginale Didgeridoos aus hohlen Ästen des Eisenholzbaumes *(Erythrophlaeum laboucherii)*.

Die Herstellung der australischen Holz-Didgeridoos ist einfach. Im Busch sucht der Aborigine geeignete Bäume mit von Termiten ausgehöhlten geraden Ästen. Infrage kommen dabei keine normal gewachsenen Äste, sondern solche, die sich z.B. infolge einer Verletzung des Hauptstammes in die Vertikale wenden und ziemlich kräftig werden. Durch Abklopfen kann ein erfahrener Didgeridoo-Sammler darauf schließen, ob ein Ast am lebenden Baum hohl ist und ob er die gewünschte klangliche Qualität mitbringt, was vor allem mit der Wandstärke zusammenhängt.

Gefällt werden bevorzugt Äste von fünf bis sechs Meter Höhe mit einem Außendurchmesser von rund 15 Zentimetern. Aus diesen lassen sich meist zwei Didgeridoos herstellen. Ist der Ast abgehauen, werden die Rohre auf die gewünschte Länge geschnitten, und die Rinde wird abgeschält. Mit dünnen langen Stöcken, Metallstangen oder auch nur durch einfaches Klopfen lässt sich aus ihrem Inneren leicht das mit Termitenspeichel verklebte Holzmehl entfernen. Hat das Rohr an der Mundseite einen zu großen Innendurchmesser, wird dieser anschließend durch Ankneten eines Mundstücks aus Bienenwachs (das Wachs der australischen Wildbienen ist manchmal dunkelbraun bis fast schwarz und hat einen höheren Schmelzpunkt) auf etwa 3 bis 3,5 Zentimeter Innendurchmesser verengt. Hat das Rohr als Ganzes oder stellenweise eine zu große Wandstärke, um damit einen gut dröhnenden Grundton zu erzeugen, dann kann man es mit entsprechendem Geschick mit einer Axt außen etwas schlanker hauen. Mit einem kräftigen scharfen Messer wird das Rohr meist an der Ausblasseite innen wie bei einer Trompete trichterförmig, erweitert, damit die Wand hier besonders dünn wird. Das verbessert den Klang wesentlich.

Das Innere eines Eukalyptusrohrs kann man auch reinigen, indem man einen Holz- oder Metallspatel oder eine schmale Raspel an einem Besenstiel befestigt und damit vorsichtig im Rohr auf und nieder fährt und so das verklebte Holzmehl abschabt.

65

Bambus

Wie schon erwähnt, waren die ersten Aboriginalen Didgeridoos sehr wahrscheinlich allesamt aus Bambus. Es handelte sich dabei um die Art *Bambusa arnhemica,* die noch heute im Gebiet des nordaustralischen Adelaideflusses auf einem Areal von rund 100 mal 200 Kilometern waldartige Bestände bildet. Diese in Australien einheimische Art wird bis zu 25 Meter hoch. Manche dieser Bambus-Didgeridoos haben übliche Dimensionen, also etwa fünf Zentimeter Innendurchmesser bei Längen zwischen 1,3 und 1,6 Metern. Weil aber die gigantischen »Grashalme« in ihrem unteren Bereich wesentlich stärker sind, kann man daraus auch mächtige Klangrohre von zehn Zentimeter und mehr Innendurchmesser und manchmal über 2,5 Meter Länge herstellen, die dann sehr schwer anzublasen sind. Solche Riesen-Didgeridoos gab und gibt es wirklich.

Noch heute werden Bambus-Didgeridoos in Australien hergestellt und auch an Touristen verkauft. Bei ihnen ist es weder erforderlich, die Wandstärke zu reduzieren, noch das Ausblasende nachzuarbeiten. Stattdessen müssen die inneren Querwände an den so genannten Nodien (Knoten) möglichst sauber entfernt werden. Die Einheimischen bewerkstelligen das heute meistens mit an der Spitze glühend heiß gemachten Eisenstangen. Für Heimwerker, die aus Bambus ein Didgeridoo anfertigen möchten, eignet sich auch eine billige, halbrunde Holzraspel, die von ihrem Heft befreit und stattdessen mit dem Schaft in ein gebohrtes Loch am Ende eines Besenstiels gesteckt wird. Klappert der Schaft oder spaltet sich der Besenstiel beim Einfügen längs auf, dann kann man diesen außen mit Bindedraht umwickeln. Wichtig für einen guten Klang ist es, die Trennwände möglichst sauber zu entfernen und keine seitlichen Reste stehen zu lassen.

Wer etwas Geschick im Umgang mit dem Material mitbringt, kann beim Bambus-Didgeridoo ganz auf ein Wachsmundstück verzichten, wenn er das Rohr ganz knapp oberhalb eines Nodiums absägt. Die äußeren Ränder werden dann rundlich abgeschliffen, und die Knotenmembran wird in der Mitte nur so weit aufgefräst, bis das Mundstück die gewünschte Öffnung aufweist.

Riesen-Didgeridoos aus Bambusrohr wurden von den Aborigines ausschließlich für rituelle Zwecke, die »djunngguwan«-Zeremonie, verwendet. Die Rohre verkörperten dabei die mythische Regenbogenschlange.

66

Dieses Bambus-Didgeridoo mit einem Wachsmundstück wurde in der Nähe der Knoten zunächst mit Handgarn umwickelt, um ein Reißen des Materials zu verhindern.

Das Mundstück

Das Mundstück ist beim Didgeridoo wie bei allen Bassblasinstrumenten das A und O für den optimalen Klang. Bereits kleinste Veränderungen daran können die Klangqualität erheblich beeinflussen. Durch ein zu enges, aber auch ein zu weites Mundstück kann ein Rohr absolut unanblasbar werden.

Wichtig ist aber nicht nur die Öffnungsweite, sondern auch die Art des Übergangs von der Mundöffnung zum größeren Rohrdurchmesser. Ein scharfer Absatz ist auf jeden Fall schlecht. Eine sehr lange allmähliche Rohrverengung wäre besonders gut, lässt sich aber mit einem nur recht kurzen Wachsmundstück nicht verwirklichen. In Experimenten habe ich die Erfahrung gemacht, dass eine etwa kugelkalottenförmige Verjüngung die besten Resultate ergibt. Feinheiten in der Klangqualität lassen sich hierbei leicht durch geringfügiges Zusammendrücken oder Dehnen des inneren Mundstückrandes mit den Fingern erreichen.

Um ein besseres Haften des angekneteten Wachsmundstücks am Rohrende zu gewährleisten, bewährt es sich, die Wachsmanschette zunächst durch Tauchen des Rohrs in flüssiges Wachs aufzutragen. Dafür erhitzt

Will man das Wachsmundstück noch einmal verändern, es aber schon zu hart geworden ist, so gibt es einen guten Tipp: Mit einem Haarfön kann man es wieder geschmeidig machen.

man reines Bienenwachs im Wasserbad auf dem Herd, bis es vollkommen flüssig ist. Das Rohr wird nun etwa zwei Zentimeter weit eingetaucht und unter Drehen wieder herausgenommen. Dabei sollte man es schräg halten, damit sich am Rand keine Tropfen bilden und als kleine Knoten erstarren. Weil jedes Mal nur wenig flüssiges Wachs haften bleibt, muss man den Vorgang mehrfach wiederholen und dazwischen das Wachs am Rohrende fest werden lassen. Hat sich genügend angesammelt, dann kann man es durch Kneten mit den Fingern in die gewünschte Form bringen.

Wer über besonderes handwerkliches Geschick und vielleicht sogar über eine Drechsel- oder Drehbank verfügt, kann natürlich ein Mundstück aus Holz schnitzen und schleifen oder drechseln und dieses dann mit Bienenwachs oder auch Zweikomponenten-Kunstharzkleber am Rohr befestigen. Er hat dann eine dauerhafte Lösung.

Will man Mundstücke aus aushärtendem Kunststoff kneten oder in Form gießen, dann muss man darauf achten, dass das verwendete Material lebensmittelgeeignet ist, denn es kommt schließlich mit den Lippen in Kontakt. Manche Zweikomponentensysteme sind giftig. Auch das an sich ideal zu einem Mundstück zu formende und im Backofen erhärtende beliebte Bastelknetmaterial Fimo eignet sich aus physiologischen Gründen leider nicht.

Ein Mundstück aus Holz hat vor allem in heißen Klimagebieten, aber auch im europäischen Sommer seine Vorzüge: Bei hohen Temperaturen, z. B. in einem Auto auf einem Parkplatz, kann man mit einem Wachsmundstück üble Erfahrungen machen. Es schmilzt einfach, ist weg, doch das Sitzpolster hat Wachsflecken.

Ein Holz-Didgeridoo selbst bauen

Mit etwas handwerklichem Geschick lässt sich ein perfektes Holz-Didgeridoo auch selbst herstellen. Wichtig dabei ist die Wahl des geeigneten Materials. Normales Weichholz gibt keinen guten Klang, und viele Harthölzer neigen später zu Rissen. Optimal ist einheimisches Ahornholz, das sich in Sägewerken gut beschaffen lässt, weil es zurzeit gern als Bauholz für Treppen verwendet wird.

Wer ein Ahorn-Didgeridoo herstellen möchte, kaufe sich am besten eine handelsübliche Bohle von fünf bis sechs Zentimeter Stärke und lasse sich von einem Schreiner daraus zwei pyramidenstumpfförmige Stücke von 1,3 bis 1,5 Meter Länge schneiden. Sie sollten einen rechteckigen Querschnitt haben, der am einen Ende etwa fünf mal zehn Zentimeter, am anderen 3,5 mal sieben Zentimeter misst. Beide Stücke werden dann der Länge nach halbzylindrisch ausgefräst. Das gelingt relativ einfach, wenn man sie horizontal in einen kräftigen Schraubstock spannt und mit einer Rundraspel bearbeitet, die sich in eine Heimwerkerbohrmaschine spannen lässt. Solche Raspeln gibt es in verschiedenen Durchmessern in den meisten Bau- und Heimwerkermärkten zu kaufen.

Es bietet sich an, ein selbst gemachtes Holzinstrument mit einer konischen »Bohrung« zu versehen, die sich von etwa acht Zentimeter Innendurchmesser am Ausblasende auf rund 3,5 Zentimeter am Mundende verjüngt. Der Klang wird dann nichts zu wünschen übrig lassen, das Rohr bläst sich gut an, und man spart sich das Wachsmundstück völlig. Hat man beide Halbschalen (am besten unter Verwendung kreisrunder Pappschablonen mit von 0,5 zu 0,5 Zentimeter abgestuften Durchmessern) ausgeraspelt, dann sollte man sie anschließend mit 80er Schmirgelleinen noch etwas glätten.

Beide Halbschalen werden anschließend gut miteinander verleimt, bevor man an die äußere Bearbeitung geht. Die besteht darin, dass man mit

Wer sein Didgeridoo liebt, der glättet es … Perfektionisten sei gesagt, dass restliche Unebenheiten im Rohr den Sound eher verbessern. Ein innen völlig glattes Rohr klingt irgendwie »röhrenartig«, wie etwa Instrumente aus industriellem Material.

Didgeridoos mit gedrechseltem Mundstück in der professionellen Tradition des europäischen Holzinstrumentenhauses stellt die deutsche Firma Schlagwerk Klangobjekte (siehe Seite 93) aus Hemlock- und Padouk-Holz her.

einem Handhobel oder einem Flächenschleifer dem Holzvierkant eine runde Außenform gibt. Die Wandstärke des Rohrs sollte dabei maximal einen Zentimeter betragen. Weniger ist für den Klang noch besser.

Riesen-Bärenklau

Der deutsche Didgeridoo-Fachmann Sven Molder hat vor einigen Jahren ein interessantes neues, natürliches Material für den Didgeridoo-Bau entdeckt: den Riesen-Bärenklau. Diese rund drei Meter hohe Staude aus Südwestasien findet sich bei uns gelegentlich in Gärten und verwildert seit etwa 20 Jahren mehr und mehr. Der feste hohle Stängel liefert stabile Didgeridoos mit überraschend gutem Klang. Sven Molder bemalt sie traditionell Aboriginal und hat für bestimmte Muster die Freigabe eines Clans aus Arnhemland.

Sven Molder von der Drone Company (siehe Seite 93) fertigt Didgeridoos aus Riesen-Bärenklau. Diese eignen sich für Anfänger und haben eine sehr gute Klangqualität.

Wer selbst mit dem Riesen-Bärenklau experimentieren möchte, dem sei allerdings größte Vorsicht angeraten. Es gibt zwei einander sehr ähnliche Pflanzen: die weit verbreitete Art *Herculaneum mantegazzianum* und das seltene *Peucedanum verticillares*. Die erste Art ist nicht ungefährlich, denn ihre riesigen Blätter enthalten eine fototoxische Substanz, die beim bloßen Berühren bei feuchtem sonnigen Wetter zu schweren, schlecht heilenden Hautausschlägen führen kann. Also unbedingt mit dicken Gummihandschuhen arbeiten und möglichst nachts ernten! Die zweite Art ist dagegen harmlos, nur eben leider recht rar.

Imprägnieren und lackieren

Das fertige Rohr sollte anschließend noch bearbeitet werden, wenn es gut klingen und vor allem lange leben soll. Gleiches gilt für naturbelassene gekaufte Eukalyptusrohre und auch für selbst gefertigte Bambus-Didgeridoos.

Trockene Rohre geben erfahrungsgemäß keinen guten Klang. Manche australische Spieler legen ihre Didgeridoos deshalb öfter mal für einige Stunden ins Wasser. Das sollte sich aber nur leisten, wer ohne große Mühe ein neues Rohr im Busch schneiden kann, denn das Didgeridoo kann bei dieser Prozedur leicht reißen und dadurch unbrauchbar werden. Aber auch wer auf ein solches Wässern verzichtet, ist vor unliebsamen Überraschungen nicht gefeit, wenn er völlig unbehandelte Rohre spielt. Beim Blasen wird das Didgeridoo durch die Atemluft innen innerhalb weniger Minuten ebenfalls sehr feucht. Es quillt und bekommt häufig Längsrisse.

Besonders groß ist diese Gefahr bei Bambusrohren, deren innere Oberfläche von einem pflanzlichen Gewebe ausgekleidet ist, das geradezu begierig Feuchtigkeit aufsaugt und sich dadurch ausdehnt, während die äußeren Schichten dieser Dehnung nicht folgen können.

Um dem allen vorzubeugen, gibt es einige erfolgreiche Kniffe. Holzrohre kann man innen (und außen) mit einem geeigneten Lack versiegeln. Das sollte aber ausnahmsweise kein umweltfreundlicher Lack auf Wasserbasis sein, denn dadurch könnte das Rohr schon beim Versiegeln quellen und reißen. Leichtflüchtige Lösungsmittel als Pigmentträger eignen sich hier besser.

Auf keinen Fall sollte man aber größere Lack- oder Lasurmittelmengen auf einmal in das Rohr schütten und durch Schwenken darin verteilen. Die sofortige Rissgefahr ist beim Holzrohr groß und erreicht beim Bambusrohr fast 100 Prozent. Besser ist es, einen lackgetränkten Lappen an einer Schnur immer wieder durch das Rohr zu ziehen und dieses zwischen den einzelnen Behandlungen trocknen zu lassen.

Bei Holzrohren hat sich noch eine andere Versiegelungsart bestens bewährt. Man spült sie mit frischem Leinöl (Reformhaus) aus, das garantiert nicht zur Rissbildung führt, an den Innenwänden haften bleibt und innerhalb weniger Tage gut verharzt. Das Rohr wird damit nicht nur resistent gegen Atemfeuchtigkeit, es gewinnt auch klanglich sehr.

Außerdem sollte man Bambusrohre, die nicht nur bei Feuchtigkeit, sondern auch bei Temperaturwechsel zum Reißen neigen, grundsätzlich zumindest in der Nähe der Knoten auf eine Breite von je ein bis zwei Zentimetern fest mit starkem Handgarn, am besten Schustergarn, bandagieren. Ähnliche Bearbeitungsmaßnahmen empfehlen sich für die neuerdings in Amerika gebräuchlich gewordenen holzigen Didgeridoo-Materialien aus Yucca oder den Blütenschäften von Agaven.

Für Bambusrohre eignet sich Leinöl zum Versiegeln nicht. Hier tut verflüssigtes Bienenwachs, das man mit Feuerzeugbenzin verdünnt, gute Dienste. Es wird in mehreren Arbeitsgängen mit einem getränkten Lappen im Rohr verteilt.

71

Kunststoff, Glas und Horn

Keine derartigen konservierenden und klangverbessernden Maßnahmen braucht zu treffen, wer sich für technische Werkstoffe entscheidet, die es in einer großen Vielfalt schon in Röhrenform mit geeignetem Durchmesser und optimaler Wandstärke zu kaufen gibt und die im Allgemeinen wesentlich billiger sind als Holzrohre gleich welcher Art.

Hier gibt es eine große Auswahl: PVC-, Polypropylen- und ABS-Kunststoff in Gestalt von Wasserinstallationsrohren, Plexiglasrohre, Glasröhren (preiswert erhältlich bei Vertreibern von chemischem Laborbedarf), Hörner von Widdern und Langhornrindern, Stahlrohre (Staubsauger- oder Auspuffrohre), Bronzerohre (sie werden gelegentlich von Didgeridoo-Herstellern in den USA verwendet) und sogar Hüllrohre für Golfschläger.

Wer kein gereinigtes und ausgehöhltes Horn kaufen will, kann es eventuell aus dem Schlachthof beziehen. Man muss es etwa zwei Stunden lang kochen, bis sich der Knochenzapfen im Inneren löst und herausziehen lässt.

Für die Hörner von Widdern und Langhornrindern braucht man kein Mundstück anzufertigen. Weil sie konisch sind, kann man einfach an geeigneter Stelle ihre Spitze absägen. Sie lassen sich auch leicht verschönern, indem man sie außen glatt schmirgelt und dann poliert.

Glasrohre aus dem Chemielaborbedarf gibt es in zahlreichen unterschiedlichen Durchmessern und Wandstärken. Geeignet sind Rohre von 55 bis 60 Millimeter Außendurchmesser bei einer Wandstärke von 3,2 oder 3,5 Millimeter. Wenn man kein Wachsmundstück oder ein gedrechseltes Holzmundstück anbringen will, kann man einen Glasbläser bitten, das Rohr am Ende auf etwa drei Zentimeter Innendurchmesser zusammenzuziehen. Die üblicherweise 1,5 Meter langen Rohre können Gewinn bringend um 10 oder 20 Zentimeter gekürzt werden. Dann lassen sie sich leichter spielen, weil der Ton etwas höher ist.

Bemalung

PVC-, Polypropylen- und ABS-Rohre (die Letzteren haben einen etwas besseren Klang) sind nicht sonderlich attraktiv. Sie erinnern zu sehr an billige Sanitärinstallation. Das lässt sich jedoch leicht beheben, indem man sie mit Akrylfarben nach eigenem Geschmack anmalt. Allerdings muss man sie zuvor mit Schmirgelleinen der Körnung 80 gründlich aufrauen, sonst blättert die Farbe nachher leicht ab. Feineres Schmirgelpapier bewährt sich bei dieser Prozedur nicht.

Wer Holz-Didgeridoos bemalen möchte, braucht sich nicht auf die für Kunststoffe wegen ihrer schlechten Haftung vorteilhaften Akrylfarben zu beschränken. Hierfür eignen sich zunächst einmal alle kommerziellen Holzdeck- und Lasurfarben, daneben aber auch Naturfarben, die man mit organischen Bindemitteln oder Holzleim selbst anrühren kann. Alternative Bastelgeschäfte und Versandfirmen liefern hierfür geeignete Pigmenterden und Binder. Soll die Bemalung haltbarer oder besonders wasserfest gemacht werden oder möchte man die Farben leuchtender sehen, dann empfiehlt sich ein anschließendes Überstreichen mit einem kratzfesten Klarlack. Man sollte dabei aber erst einmal ein Vorversuch unternehmen: Nicht jede Naturfarbe verträgt sich mit jedem Klarlack. Informieren Sie sich in einem Bau- oder Handwerkermarkt.

Ausgezeichnete Instrumentenklanglacke auf Ölbasis mit Natur- und Kunstharzen, die gut verlaufen und verhältnismäßig rasch trocknen, liefert die Hammerl GmbH, Hauptstraße 18, in D-91083 Baiersdorf.

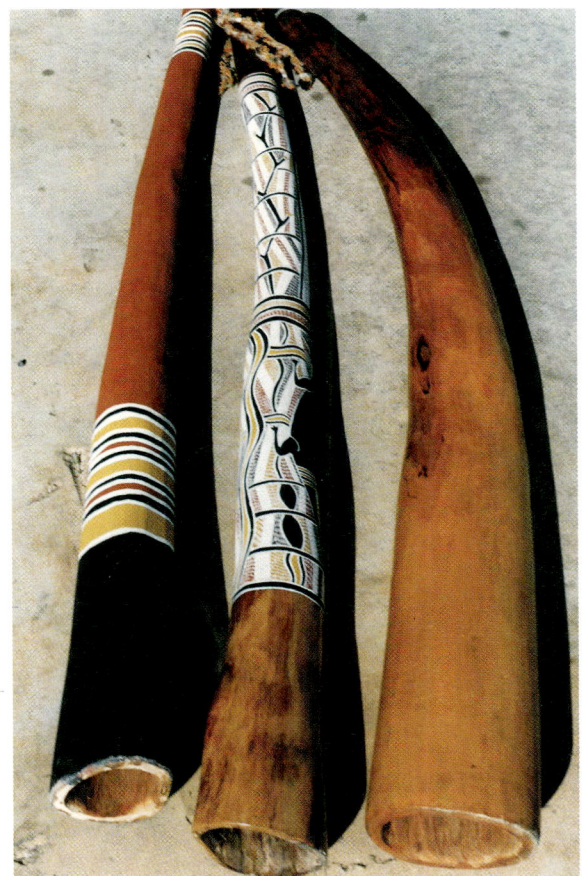

Stark konische Didgeridoos werden in Australien auch »Malimbas« genannt. Sie klingen hervorragend. Ihr Grundton liegt höher als der zylindrischer Rohre der gleichen Länge.

Yiki-Yikis, Malimbas und Didjeribones

Im Gegensatz zu den meisten sehr traditionstreuen Aborigines neigen viele weiße Didgeridoo-Spieler eher zum Experimentieren. Das betrifft den Spielstil ebenso wie Material und Form ihres Instruments. Einer der prominentesten in dieser Hinsicht ist der Konzert-Didgeridoo-Spieler Charlie McMahon, der nicht nur eine ungewöhnliche, besonders schnelle Atemtechnik praktiziert, sondern manche seiner Didgeridoos zu Melodieinstrumenten umfunktioniert hat, bei denen sich während des Spiels die Rohrlänge variieren lässt. Dazu werden zwei ineinander gesteckte Kunststoffrohre wie die Röhren einer Zugposaune teleskopartig gegeneinander verschoben. Er selbst nennt seine Erfindung »Didjeribone«. Andere Spieler bauten sich ähnliche Instrumente, die sie dann als »Slidgeridoo« oder »Extensiondidge« bezeichneten.

Charlie McMahon wollte bei Konzerten sein geliebtes Didgeridoo nicht der E-Gitarre und dem Synthesizer ausliefern. Daher erfand er eine Methode, sein Didgeridoo zu einem Melodieinstrument zu machen, und es entstand das Didjeribone.

Auszug-Didgeridoos

Wer dergleichen selbst ausprobieren möchte, der muss sich zunächst einmal zwei knapp ineinander passende Kunststoffrohre besorgen. Am einfachsten wird das mit Plexiglas möglich sein, das in zahlreichen Rohrdurchmessern verfügbar ist. Doch ein simples Ineinanderstecken genügt keineswegs. Die Rohre müssen nämlich einerseits gegeneinander so viel Spiel haben, dass sie leicht ineinander gleiten; andererseits darf aber zwischen ihnen nicht der geringste Luftspalt offen bleiben, weil sich das Instrument sonst nicht spielen lässt.

Es gibt wohl nur eine technisch sinnvolle Lösung, um beide Anforderungen unter einen Hut zu bringen: Man fräst in das innere Rohr zwei außen umlaufende, also ringförmige Nuten ein, in die man anschließend Gummidichtringe legt. Wenn man diese dann noch mit etwas Vaseline

bestreicht, lassen sich beide Rohre leicht und doch luftdicht gegeneinander verschieben.

Wichtig ist der Ringabstand. Er muss klein genug sein, dass auch beim
voll ausgezogenen Instrument beide Ringe innerhalb des äußeren Rohrs
bleiben. Am sichersten ist es, einen Auszugsanschlag anzubringen.

Lange, konische und flexible Rohre

Andere, auch von Aborigines verwendete Sonderformen des Didgeridoos sind die als »Yiki-Yikis« und »Malimbas« bezeichneten Rohre. Yiki-
Yiki wird oft als reines Synonym für das Didgeridoo verwendet, manchmal dient es in Australien aber auch als Bezeichnung für besonders lange
und dicke Rohre mit tieferem Ton.

Unter Malimbas verstehen die Aborigines etwas konische (also nicht wie
üblich zylindrische) Rohre. Die Herstellung eines solchen Instruments
wurde im vorigen Kapitel beschrieben.

**Didgeridoos in ver-
änderter Form und
aus Materialien aus
dem Bereich der
Technik werden vor-
wiegend von mehr
oder weniger promi-
nenten weißen
Didgeridoo-Spielern
verwendet, weniger
von Aborigines.**

*Manche Fans in Eu-
ropa und Nordamerika
experimentieren mit
Rohren aus allen mög-
lichen Materialien
(von links): Staubsau-
gerrohr aus Metall,
Wasserrohr aus Poly-
propylen (PP),
Laborglasrohr, zwei-
schaliges geschnitztes
Holzrohr, flexibles
Wellrohr aus Kunst-
stoff, Borrosā-Rinder-
horn aus Nordportugal.*

Eine weitere Sonderform des Didgeridoos ist das flexible Rohr. Schläuche eignen sich dafür nicht, weil ihre Gummi- oder Kunststoffwände regelmäßig zu weich sind, um irgendwelche klanglichen Qualitäten zu besitzen. Dagegen kann man es mit biegsamen Elektroinstallationsrohren (Kabelführungsrohre) versuchen, die sehr dünne, spiralrippenverstärkte Wände besitzen.

Flexible Didgeridoos oder so genannte Heulrohre haben mit einem Original-Didgeridoo nicht viel zu tun. Sie werden jedoch in der westlichen Welt neuerdings als Therapieinstrument angewendet.

Vor Jahren fand man auf Jahrmärkten und in Spielwarengeschäften häufig etwa einen Meter lange so genannte Heulrohre, die man über dem Kopf schnell in der Luft herumwirbeln und damit jaulende Geräusche erzeugen konnte. Sie geben zwar nicht gerade einen optimalen Didgeridoo-Klang von sich, aber wer noch irgendwo ein solches »Lasso d'amore«, wie die Amerikaner es nennen, herumliegen hat, kann darauf ohne jede weitere Vorbereitung Didgeridoo spielen lernen. Diese relativ enge Röhre lässt sich recht einfach anblasen und benötigt wenig Luft.

Flexible Didgeridoos sind zwar klanglich generell den starren Rohren unterlegen und musikalisch unbefriedigend. Sie eignen sich aber besonders gut für Therapieexperimente, bei denen der Spieler an sich selbst verschiedene Körperpartien beschallen will.

Das rasch aus Wasser-PP-Rohrelementen zusammengesteckte »Didj« sieht aus wie ein Saxofon. Als Mundstück wurde lediglich eine handelsübliche Reduziermuffe verwendet.

Steckrohre

Beliebt bei Spielern, die ihr Instrument gern überallhin mitnehmen, sind Rohre aus steckbaren Elementen. Sie lassen sich leicht verpacken und gut transportieren. Dazu bieten sich wiederum Kunststoff-Wasserrohre an. Es gibt sie in verschiedenen Längen, jeweils mit einer Überfangmuffe an einem Ende.

Während man für ein starres Didgeridoo ein 1,5 Meter langes Rohr kaufen und vielleicht auf 1,3 Meter Länge absägen wird, wobei man diese Muffe entfernt, belässt man sie am Rohr, wenn man mehrere kürzere Stücke zusammenstecken möchte. Als Dichtung verfügen diese Wasserrohre sogar serienmäßig über jene runden Gummiringe, die auch für den Bau von Didjeribones erforderlich sind, wie wir es auf Seite 74 bei den Auszug-Didjeridoos beschrieben haben.

Aus mehreren Elementen gesteckte Didjs brauchen übrigens keineswegs gerade Rohre zu sein. Sie lassen sich ohne Verlust an Klangqualität auch etwa in der Form eines Saxophons zusammenfügen. Dazu verwendet man ein etwa 20 Zentimeter langes Rohrstück als horizontales Anblasende, an das das Mundstück angearbeitet wird. In die Muffe an der mundfernen Seite steckt man einen abwärts führenden 90-Grad-Winkel und an diesen ein vertikal nach unten gerichtetes 75-Zentimeter-Rohrstück. Daran wiederum schließen sich zwei 90-Grad-Winkel (oder, falls erhältlich, ein U-Stück) an, die den Schallkanal wieder nach oben lenken. Den Abschluss kann dann ein aufwärts gerichtetes gerades Rohrstück von vielleicht 50 Zentimeter Länge machen. Die gesamte Konstruktion ist damit rund 1,6 Meter lang.

Ich selbst habe auch beste Erfahrungen mit gebrannten Tonrohren gemacht. Ihre Herstellung ist allerdings nicht ganz einfach, denn sie verlangt einige Fertigkeiten und Erfahrung im Töpfern und Zugang zu einem Brennofen ausreichender Größe (z. B. in der Werkstatt einer Schule). Solche Instrumente wird man sinnvollerweise wegen der Bruchgefahr nicht gerade, sondern wie ein Jagdhorn in ein oder zwei Schleifen gelegt herstellen. Zudem sollte man Keramik-Didgeridoos bei Temperaturen nicht unter 1200 °C brennen, damit sie möglichst stabil sind.

Ob Holzrohr oder ein Didgeridoo aus Metall, Glas oder Ton, ob gekauft oder selbst hergestellt – das Didgeridoo hat seine ursprüngliche Heimat verlassen und ist dabei, die Länder der westlichen Welt zu erobern.

Augen auf beim Didj-Kauf

Nicht jeder Käufer eines Didgeridoos ist bereits ein guter Spieler des Instruments. Und wenn der Verkäufer das Klangrohr ebenso wenig beherrscht und es deshalb nicht vorspielen kann, dann wird man möglicherweise später herbe Überraschungen erleben. Wer unbedingt mit einem »echten« australischen Rohr seine ersten Erfahrungen sammeln will, tut auf jeden Fall gut daran, beim Einkaufen einen versierten Didgeridoo-Spieler mitzunehmen, der ihn berät.

Versteckte Fehler

Aber auch wenn der Klang des Instruments einwandfrei ist, darf man es nicht sofort kaufen. Zuvor untersuche man es gründlich auf – möglicherweise versteckte – Fehler.

Wichtig ist, dass das Rohr keine lockeren Äste oder – schlimmer noch – zugespachtelte Astlöcher und Risse in seiner Wand aufweist. Sie werden später beim Spielen mit Sicherheit Ärger bereiten. Durch Temperatur- und Feuchtigkeitswechsel fallen die Äste heraus, und die Spachtelmasse beginnt zu bröckeln. Auch Risse sollte man bei einer Neuerwerbung nicht in Kauf nehmen, obwohl diese nicht allzu schlimm sind, wenn sie fein genug bleiben.

Wer sich in ein ganz leicht rissiges Instrument verlieben sollte, weil ihm vielleicht dessen wundervoller Klang gefällt, der sollte den Preis herunterhandeln, kann aber später den Schaden leicht beheben. Bewährt hat sich ein Ausgießen oder Zukleben der Risse mit reinem Wachs. Noch effektiver und garantiert haltbar lassen sie sich mit dauerelastisch aushärtenden Silikonmassen oder Spalten überbrückenden, nichtschrumpfenden Zweikomponentenklebern ausfüllen und damit abdichten. Günstig

Bei der Suche nach Fehlern braucht man das Mundstück nicht besonders zu beachten, da es sich jederzeit nacharbeiten lässt. Außerdem werden oft die perfekten Rohre mit einem provisorischen Mundstück versehen, weil der Hersteller annimmt, dass der spätere Spieler es für seine persönliche Spielweise verändern wird.

ist es, wenn man dazu Zweikomponenten-Kunstharze mit längerer Tropfzeit wählt. Man kann diese dann durch Erwärmen auf etwa 60 °C recht dünnflüssig einstellen, damit sie auch in die feinsten Risse fließen.

Professionelle Klangrohre

Wer sich allerdings so weit zurückhalten kann, dass er nicht unbedingt von Anfang an auf einem »echten«, von Termiten ausgehöhlten Eukalyptusrohr besteht, der handelt weise. Ohne gleich 300 bis 450 DM hinzublättern, kann er für rund 10 DM im Baumarkt ein Plastikrohr erwerben und darauf erst einmal spielen lernen. Doch auch ernsthafte Didgeridoo-Aspiranten brauchen sich neuerdings nicht mehr auf teure Experimente mit Eukalyptusrohren mit zuvor schwer einschätzbarer Klangqualität einzulassen. In Gingen an der Fils (das liegt zwischen Stuttgart und Ulm) gibt es eine kleine holzverarbeitende Fabrik, die sich seit einigen Jahren auf die Herstellung hochwertiger Klangobjekte spezialisiert hat. Seit kurzem liefert sie Didgeridoos in Spitzenqualität, die jeden Perfektionisten begeistern werden (Adresse siehe Seite 93).

Zwei Holzarten werden angeboten: Hemlock und Padouk. Letztere hat einen besseren Klang, denn das schwere rötliche Padouk-Holz besitzt als Klangholz Weltruhm. Interessant sind auch die von Sven Molder in Linnich bei Jülich hergestellten, schön bemalten und sehr preiswerten Didgeridoos aus den Stämmen des Riesen-Bärenklaus. Sie besitzen eine erstaunlich gute Klangqualität.

Der Hauptvorteil dieser zweischalig aufgebauten Instrumente, die der Hersteller serienmäßig in den Stimmungen C, Cis und D anfertigt, ist, dass sie garantiert nicht enttäuschen: Eines klingt genauso wundervoll wie das andere. Der Sound ist kraftvoll, warm und erdig. Lediglich ein kaum störender »Rohrcharakter« lässt sich von sehr feinen Ohren entdecken, den viele Didgeridoos mit unregelmäßigem Termitenfraß nicht aufweisen. Und noch einen Vorteil bringen diese professionellen Didgeridoos mit sich: Sie besitzen aus Holz perfekt gedrechselte Mundstücke, denen auch eine gründliche Nassreinigung nichts anhaben kann.

Beim Kauf von besonders kunstvoll bemalten Rohren ist Vorsicht angesagt. Manchmal werden Astlöcher einfach zugespachtelt, und die Farbe samt Muster verdeckt dies. Auch das Innere des Rohrs sollte man sich – am besten mit einer Taschenlampe – ansehen. Oft erkennt man hier Astlöcher oder Risse, die sich von innen heraus entwickeln.

Das Didgeridoo ist eine Trompete

Fast alle Autoren, die sich in irgendeiner Form mit dem Didgeridoo auseinander setzen, betonen dessen weltweite Einzigartigkeit, und zahlreiche Aboriginalgruppierungen bestehen darauf, dass nur die australische Urbevölkerung einen kulturellen Urheberanspruch daran besitzt. Das ist bis zu einem gewissen Grad richtig, aber es trifft nicht ganz zu.

Gewiss hat das australische Klangrohr eine unverwechselbare Individualität, aber es ist nur ein Individuum unter anderen, durchaus vergleichbaren Instrumenten.

Neuerdings gibt es auch gebogene und konisch geformte Didgeridoos, die man deshalb nicht gleich als Hörner bezeichnen will. Seit McMahons Erfindung des Didjeribones gibt es nun auch eine Brücke zur Familie der Posaunen.

Ein Aerophon

Will man das Klangrohr in die Vielzahl der Musikinstrumente einordnen, dann ist es zunächst einmal in der großen Gruppe der Aerophone zu suchen, der Instrumente also, in denen der Ton durch Luftvibration entsteht. Innerhalb dieses Rahmens handelt es sich um eine Trompete, also ein Blasinstrument ohne eigenes stimmerzeugendes Element (Blasloch; Pfeifenmundstück; einfaches, doppeltes oder frei schwebendes Rohrblatt). Der Trompetenton wird in einem so genannten Kesselmundstück durch die vibrierenden Lippen des Bläsers erzeugt.

Innerhalb der Trompeten fällt das Didgeridoo in die Familie der so genannten primitiven Trompeten, die sich von den einfachen Hörnern nur dadurch unterscheiden, dass sie meist gerade und zylindrisch gebaut sind, während die Hörner meist gekrümmte und konische Formen aufweisen. Zwischen beiden gibt es gleitende Übergänge.

Grundsätzlich aber zeichnen sich die »primitiven« Trompeten gegenüber komplexeren Instrumenten dieser Familie, also etwa den modernen Orchestertrompeten, dadurch aus, dass sie keine Tonhöhenvariationen zulassen. Ihnen fehlen also z.B. Ventilmechanismen. Auch hier gibt es neuerdings Ausnahmen: Manche experimentierfreudigen Musiker haben Kunststoff-Didgeridoos mit Grifflöchern versehen, wie sie von Flöten bekannt sind.

Verwandte Instrumente in aller Welt

Als »primitive« Trompeten oder so genannte Naturtrompeten stehen die australischen Didgeridoos nicht allein da. Nahe Verwandte sind z.B. in Gestalt langer Rindentrompeten aus Südamerika bekannt. Eintontrompeten aus Holz, Bambus, Bronze, den Edelmetallen Gold und Silber, aber auch aus Ton werden seit mindestens zwei Jahrtausenden auch in Mittelamerika, den meisten Gebieten Europas und vielerorts in Asien gespielt. Besonders auffällig sind dabei u.a. die über 2,5 Meter langen metallenen birmanischen Klostertrompeten und das hölzerne Schweizer Alphorn.

Ein gekrümmtes, didgeridooähnliches Klangrohr aus Bronze spielte eine große Rolle im prähistorischen Südskandinavien: die Lure. Und auch das im alten Rom ausschließlich von höheren militärischen Würdenträgern geblasene Cornu gehört in diese Verwandtschaftsgruppe.

Auffallend ist, dass fast alle diese »primitiven« Trompeten und Hörner in erster Linie zu religiösen und politischen Ritualen und zu magischen Zwecken verwendet wurden.

Zirkuläratmung – keine australische Spezialität

Nun könnte man einwenden, dass es doch wenigstens einen signifikanten Unterschied zwischen dem Didgeridoo und den zahlreichen Instrumenten aus seiner nahen Verwandtschaft gibt: die Spielweise. Der erst durch die Zirkuläratmung möglich werdende Dauerton wird nämlich oft als einzigartig dargestellt. Doch auch das ist nicht richtig. An den folgenden Instrumenten wird dies gezeigt.

Die Zirkulär- oder auch Permanentatmung, die einen ununterbrochenen Ton erzeugt, war seit Jahrtausenden in Asien, Afrika und Europa bekannt. Die griechischen Flötenspieler (Aulos) wandten sie ebenso an wie die Ägypter. Heutzutage gehört diese Atemtechnik nur noch zur Ausbildung der Oboenbläser.

81

Luren

Der Ton bzw. die Tonhöhe ist nicht nur von der Atemtechnik abhängig, sondern auch von der Länge des Rohrs und dem Mundvolumen des Spielers.

Wir wissen nicht, wie unsere germanischen Vorfahren die Lure geblasen haben. Sorgfältige akustische Studien zeigen, dass das mit Luren erzeugte Klangspektrum hinsichtlich Tonhöhe und Klangcharakteristika mit dem des Didgeridoos weitgehend deckungsgleich ist. Zahlreiche prähistorisch bewanderte vergleichende Musikwissenschaftler halten es zumindest für möglich, wenn nicht gar für recht wahrscheinlich, dass die Germanen der Bronzezeit um 1000 bis 500 v. Chr. ihren Luren mit Zirkuläratmung Dauerbrummtöne entlockten.

Vieles spricht dafür, z. B. sehr ähnliche, unter dem Einfluss dieses Instruments erzeugte spirituelle Erfahrungen, wie wir sie vom Didgeridoo kennen. Prähistorische südskandinavische Felsbilder belegen das. Hier werden Lurenspieler häufig gemeinsam mit Schlangen dargestellt, und diese stehen in einem deutlichen Kontext mit Fruchtbarkeitsritualen und einem lebenserneuernden Kult. Das traditionelle Riesen-Didgeridoo »djalupu« der Aborigines wird von ihnen mit der Regenbogenschlange identifiziert, die ebenfalls ein traditionelles Symbol für Fruchtbarkeit ist.

Das Rag-dun der tibetischen Mönche wird genauso angeblasen wie das Didgeridoo. Allerdings ist die Zirkuläratmung hier unbekannt. Der Dauerton wird durch den zeitlich überlappenden Wechsel zweier Instrumente erzeugt.

Barrosã-Hörner und Borduntöne

Persönliche Informanten in Portugal haben mir glaubwürdig berichtet, dass es noch zu Beginn des 20. Jahrhunderts in Tras-os-Montes, einer relativ abgeschiedenen Bergregion im Norden des Landes, Spieler gab, die mit Hörnern der dort heimischen Langhorn-Rinderrasse Barrosã Dauerbrummtöne erzeugt haben sollen.

Die hohe Wahrscheinlichkeit, dass der brummende und summende Dauerton früher in Europa durchaus bekannt und sogar weit verbreitet war, resultiert auch daraus, dass man ihn bereits in römischer Zeit auch mit Sackpfeifen (Vorläufern der modernen Dudelsäcke) produzierte. Dieser so genannte Bordunton war in Europa, Nordafrika und Vorderasien noch bis ins Mittelalter eine wichtige Komponente der Musik. In Nordafrika ist er bis heute erhalten geblieben, und dort ist auch heute noch neben den Sackpfeifen die Technik der Zirkuläratmung gebräuchlich.

In Europa gehört diese spezielle Atemtechnik derzeit im Musikbereich nur noch für Oboisten zum festen Bestandteil ihrer Ausbildung. Daneben werden Edelmetallschmiede und Laborglasbläser damit bekannt gemacht, die mit ihren Blasrohren einen gleichmäßigen, kontinuierlichen Luftzug erzeugen müssen.

In diesem Zusammenhang ist es interessant zu wissen, dass die Glasmacherpfeife bereits um 100 v. Chr. in Syrien erfunden wurde. Es ist deshalb mehr als wahrscheinlich, dass man dort zu dieser Zeit auch die Technik der Zirkuläratmung kannte.

Die Bughri-Trompete der Todas

Mit Sicherheit wenden noch heute Spieler der vom Aussterben bedrohten kleinen ethnischen Gruppe der Todas in den südwestindischen Nilgiribergen die Zirkuläratmung im Zusammenhang mit einer Rohrtrompete an. Ihr traditionelles Instrument heißt Bughri und besteht aus einem rund einen Meter langen Bambusrohr, das am Mundende etwa 1,5 Zentimeter und am Ausblasende nur etwa 0,8 Zentimeter Innendurchmesser aufweist. Ungefähr in Rohrmitte befinden sich in etwa 2,5-Zentimeter-Abständen sechs Grifflöcher, mit denen sich die gespielte Tonhöhe variieren lässt. Auf diese Weise bewältigt der Spieler mit dem

Auch das schweizerische Alphorn ist ein »natürlich gewachsenes« Musikinstrument. Seine Hersteller verwenden an steilen Berghängen groß gewordene Baumstämme, die an ihrer Basis stark gebogen sind.

Überraschend positiv verliefen die Experimente des Autors mit hornartig aufgerollten Klangrohren aus Keramik. Dieses handliche Instrument erzeugt bei einer Rohrlänge von 170 Zentimetern einen wundervoll tiefen Ton und braucht extrem wenig Luft.

Bughri eine Siebentonfolge. Durch schnelles Vibrieren der die Löcher greifenden Finger lassen sich interessante Toneffekte mit dem Instrument erzielen.

Das Dige in Neuguinea

Um die Obertöne des Didgeridoos spielen zu können, kommt es nicht nur auf die Atem- oder Blastechnik an, sondern auch auf die Arbeit mit den Stimmbändern.

Neben dem Bughri wird auch die als »Dige« bezeichnete Rohrtrompete in Neuguinea mit Zirkuläratmung im Dauerton gespielt. Auch sie besteht aus Bambus, ist rund vier Meter lang und findet im Rahmen einer »Buruang« genannten Initiationszeremonie Verwendung.

Wegen der ungewöhnlichen Länge des Instruments werden nur drei Obertöne geblasen und, stärker als beim Didgeridoo üblich, mit der Singstimme überlagert. Der Grundton wird nicht gespielt. Die gesungenen Tonhöhen beschränken sich auf die Frequenzen der blasbaren Obertöne. Charakteristisch für das Dige-Spiel sind außerdem stimmhafte gejodelte Töne im Falsett. Das lange Rohr unterstützt diese Technik dadurch, dass die in ihm schwingende Luftsäule kräftig an den Stimmbändern zieht.

Das rumänische Tulnic

In Rumänien, genauer gesagt, im westlichen Transsylvanien wird noch heute das alte, alphornähnliche Instrument Tulnic gespielt. Es ist aus zwei konkaven, längs miteinander verleimten Holzdauben hergestellt und hat einen konischen, d.h. kegelförmigen Luftkanal.

Mit dem Tulnic werden Volkstänze in schnellem Rhythmus begleitet. Die Spieler beherrschen dafür nicht nur die Zirkuläratmung, sondern auch eine bewundernswerte Zungentechnik. Gezielt erzeugt werden nur der zweite, vierte, sechste und achte Oberton, doch entstehen daneben auch die fünfte und siebte Oberschwingung.

Das Rag-dun der tibetischen Lamas

Eines der bekanntesten didgeridooähnlichen Zeremonialinstrumente ist die Rohrtrompete der tibetischen Mönche. Gespielt werden üblicherweise zwei dieser etwa drei Meter langen Kupferinstrumente in Begleitung einer Rahmentrommel und von Zimbeln. Im Unterschied zum australischen Didgeridoo wird hier der Dauerton nicht durch Zirkuläratmung von einem Spieler allein erzeugt, sondern dadurch, dass beide Instrumente einander zeitlich überlappend ablösen. Zu hören ist dabei kein monotoner Bordunton, sondern eine Art kraftvoller Bassbeat. Der kommt folgendermaßen zustande: Wenn das erste Rag-dun einsetzt, geschieht das mit starken Glissandi, bevor ein stabiler Dauerton erreicht wird, den das zweite Instrument dann aufnimmt. Und bei den folgenden Einsätzen bläst der Spieler Obertöne an, die jeweils um eine große Terz höher liegen. Die langsame und rhythmisch konstante Komponente, die für die Tranceinduktion wichtig ist, liefern die Trommel und die Zimbeln.

Neben den von der Spieltechnik nahe didgeridooverwandten, hier beschriebenen volkstümlichen Trompeten gibt es weltweit Dutzende andere didgeridooähnliche Instrumente, die allerdings nicht zur Dauertonerzeugung benutzt werden, die aber den Klangeigenschaften des Didgeridoos recht nahe kommen. Es würde jedoch zu weit führen, an dieser Stelle auch nur eine annähernd vollständige Übersicht über die verwandten Trompeten zu liefern.

Wenn es auch weltweit zahlreiche didgeridooähnliche Klanginstrumente gibt, so muss man den Aborigines doch eines bescheinigen: Ihre Spieltechniken sind die bei weitem ausgefeiltesten und nuancenreichsten.

Übung macht den Meister

Vermutlich werden die meisten Leser dieses Buches das letzte Kapitel mit Ungeduld erwartet haben, sofern sie es nicht ohnehin als Erstes aufgeschlagen haben. Es geht um nicht mehr und nicht weniger als die wichtige Frage: Wie spielt man das Instrument? Man kann das Erlernen in sechs unterschiedliche Bereiche gliedern:

1. Erzeugung des Grundtons
2. Beibehalten des Grundtons als Dauerton (Bordunton) durch Zirkuläratmung
3. Variation des Klangbilds durch Obertöne und Rhythmen
4. Verwendung der Stimmbänder zu weiterer Bereicherung des Klangbilds
5. Gezieltes Anblasen des ersten Obertons
6. »Erzähltechniken« (z. B. Tierstimmenimitation) mit dem Didgeridoo, die einen großen Teil seines Wesens ausmachen

Sie brauchen aber keine Angst vor der Fülle an Möglichkeiten zu haben. Gegenüber den meisten anderen Musikinstrumenten hat das Didgeridoo den Vorteil, dass man die erforderlichen Grundtechniken, um damit angenehme Klänge zu erzeugen, relativ schnell erlernen kann. Andererseits wird das Instrument auch niemals langweilig, denn die Experimentiermöglichkeiten mit fortgeschrittenen Spielarten sind beinahe unbegrenzt.

> **Wer einmal den warmen Grundton, den typischen Didgeridoo-Klang selbst erzeugt hat, wird das Instrument so schnell nicht mehr beiseite legen wollen. Das Didgeridoo verleitet zum Weiterspielen.**

Der Grundton

Um den Grundton beherrschen zu lernen, empfiehlt sich die folgende Vorübung: Entspannen Sie Ihre Lippen, und formen Sie damit eine Art »Schmollmund«. Nun blasen Sie ohne jegliche Anstrengung Luft durch die nur ganz leicht aufeinander gepressten Lippen. Dabei entsteht ein

Geräusch, wie es Pferde manchmal hervorbringen. Lassen Sie die Luft schneller strömen, dann erhöht sich die Vibrationsfrequenz der Lippen, und das Geräusch ähnelt jetzt mehr jenem, das Kinder produzieren, wenn sie das Brummen eines Automotors imitieren. Nach dieser Vorübung setzen Sie das Einblasende des Didgeridoos mit leichtem Druck an Ihre Lippen. Diese müssen Sie jetzt statt zu einem »Schmollmund« eher etwas zu einem »Kussmäulchen« schürzen, damit sie ein wenig in das Mundstück hineinreichen. Nun blasen Sie ganz leicht durch die geschlossenen Lippen in das Rohr. Wenn auf diese Weise nicht auf Anhieb ein guter Grundton entsteht, dann blasen Sie wahrscheinlich zu kräftig. Geht es mit weniger Luft immer noch nicht, dann versuchen Sie statt des in Australien üblichen zentralen Lippenansatzes einmal, das Rohr etwas seitlich an Ihre Lippen zu legen und es nur mit einer Mundhälfte zu blasen. Viele Europäer bevorzugen generell diese Spielweise. Ich selbst würde sie nur Anfängern empfehlen, die schneller spielen lernen wollen. Ich glaube nämlich, dass sich mit dem zentralen Anblasen die ganze Klangfülle des Didgeridoos besser erforschen lässt.

Gelingt es Ihnen, den Grundton einigermaßen sauber zu spielen, dann können Sie sich bereits daran wagen, diesen auf verschiedene Art und Weise mit Obertönen oder Rhythmen zu bereichern, bevor Sie die für Dauertöne erforderliche Zirkuläratmung erlernen. Sie können sich aber auch gleich an die Dauertonatmung wagen. Diese möchte ich hier als Nächstes erläutern.

Anfänger blasen meist viel zu stark in das Rohr. Sie überschätzen den Luftbedarf des Instruments. Das Didgeridoo will ganz leicht angeblasen werden.

Zirkuläratmung

Das ganze Geheimnis der Zirkulär- oder Permanentatmung liegt darin, durch den Mund auszuatmen, während man gleichzeitig durch die Nase einatmet. Leider ist das anatomisch völlig unmöglich. Man muss sich also mit einem Trick behelfen. Der lässt sich aber leider wesentlich einfacher erklären als erlernen.

Beim Dudelsack wird der Bordunton erzeugt, indem der Spieler den Sack als Luftpuffer intervallweise aufbläst und diesen dann durch Pressen –

Hat man die Phase zwei der Zirkuläratmung erreicht, kann man den vollen Atemzyklus trainieren, allerdings mit möglichst geringem Luftstrom. Dabei bläst man kontinuierlich Luft durch einen Strohhalm in ein mit Wasser gefülltes Glas und atmet gleichzeitig durch die Nase ein. Das gelingt meist relativ schnell.

z. B. mit dem Oberarm – kontinuierlich entleert, wobei der Luftstrom die Pfeifen anbläst. Bei der Zirkuläratmung ersetzen die Backentaschen den »Sack«. Man bläht sie weit auf und presst aus diesem Reservoir Luft in das Didgeridoo, während man mit der Nase einatmet. Das geht aber nicht dauerhaft, sondern nur über den folgenden Rhythmus:

1. Ausatmen von der Lunge durch den Mund in das Rohr
2. Bei fast leerer Lunge Verschließen des Gaumenraumes gegenüber dem Nasen-Rachen-Raum und gleichzeitig Auspressen der Luft mit den Backen sowie Füllen der Lunge durch die Nase
3. Einatmen stoppen und kurzzeitig die Restluft aus dem Mundraum pressen
4. Mundhöhle zum Rachenraum hin öffnen und wieder auf Lungenausatmung durch den Mund umstellen

Was sich zunächst schwierig anhört, lässt sich im Prinzip relativ leicht erlernen. Üben kann man diese Technik zunächst am besten, indem man den Mund voll Wasser nimmt, das man dann in spitzem Strahl durch die Lippen presst, während man gleichzeitig versucht, durch die Nase einzuatmen. Auf diese Weise beherrscht man schnell die wichtige Phase zwei der Zirkuläratmung.

Die Zirkuläratmung: Einatmen durch die Nase bei gleichzeitigem Ausatmen durch den Mund. Mit Übung und ein paar unterstützenden »Tricks« ist dieses Prinzip recht leicht erlernbar.

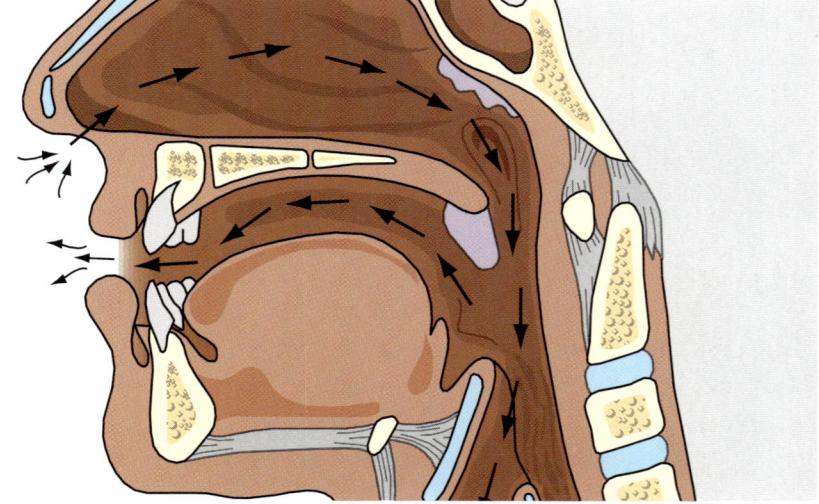

Anschließend wird etwas mehr Geduld gefordert. Überträgt man nämlich die mit einem Strohhalm prinzipiell erlernte Atemtechnik auf das Didgeridoo, dann wird man relativ rasch »aus der Puste« kommen, denn das Klangrohr erfordert einen größeren Luftstrom als der Strohhalm.

Warum es anfangs so schwierig ist, erklärte einmal mit unübertrefflichem britischen Scharfsinn der englische Didgeridoo-Lehrer Alastair Black: »Normalerweise erfüllen die Wangen lediglich eine einzige Funktion. Sie bewahren davor, dass beim Kauen das Essen seitlich aus dem Mund fällt.« Was Black damit sagen will, ist, dass wir unsere Backenmuskulatur üblicherweise nicht trainieren, um willentlich bei leicht geöffneten Lippen Luft aus dem Mund zu pressen. Das verlangt eine gewisse Kondition, die erst antrainiert werden muss. Bei täglich viertelstündigem Üben dauert das etwa ein oder zwei Monate. Man muss die Backenmuskulatur genauso trainieren wie etwa die Beinmuskeln, wenn man die Kondition für einen halbstündigen Dauerlauf aufbauen will.

Am besten versuchen Sie zunächst, mit der anfangs stümperhaften Zirkuläratmung möglichst lange über die Runden zu kommen. Wenn Sie das auf Anhieb 20 Sekunden lang schaffen, ist das eine sehr gute Zeit. Danach setzen Sie das Rohr ab und atmen durch Nase oder Mund kräftig ein. Schon bald werden die durchgehaltenen Intervalle länger und die Pausen zum Einatmen immer kürzer; nach wenigen Wochen können Sie einen Dauerton erzeugen. Anfangs wird das kaum länger als zwei bis drei Minuten gelingen. Dann macht sich eine gewisse Atemnot bemerkbar. Doch mit der Zeit bringen Sie es auf fünf Minuten und mehr, und schließlich können Sie mühelos eine halbe Stunde spielen.

Klang- und Rhythmusvariationen

Tägliches Üben allein der Zirkuläratmung wäre recht langweilig. Daher ist es sinnvoll, zugleich auch verschiedene Klangmodulationstechniken auszuprobieren. Zunächst können Sie den Grundton dadurch rhythmisch untergliedern, dass Sie ruckartig Ihr Zwerchfell zusammenpressen und damit den Luftstrom jedes Mal kurzfristig beschleunigen.

Die Zirkuläratmung ist zwar nicht unbedingt erforderlich, um dem Didgeridoo erste Töne entlocken zu können. Aber sie verleiht ein gutes Gespür für richtiges Atmen, das sich belebend auf den Allgemeinzustand auswirkt. Atmen Sie – wenn möglich – grundsätzlich aus dem Bauch heraus.

Preiswerte Didgeridoos in guter Qualität stellt Sven Molder aus den mächtigen Stängeln des Riesen-Bärenklaus her und bemalt sie im traditionellen Arnhemlandstil.

Der zwerchfellgesteuerte Rhythmus ist relativ sanft. Einen härteren können Sie spielen, wenn Sie Ihre Backenmuskeln periodisch zusammenpressen und damit einzelne Luftstöße erzeugen. Dabei können Sie mit verschiedenen Rhythmen experimentieren, beispielsweise — — · · · oder — ·· — ·· — ·· — .

Bald werden Sie feststellen, dass sich auch durch Variieren des Mundvolumens interessante Toneffekte erzielen lassen. In dieser Richtung kann man sehr vielseitig experimentieren. Ver-

Beim anfänglichen Experimentieren, um einen guten Ton zustande zu bringen, kann man auch den Mund mal fester, mal weniger fest gegen das Mundstück pressen. Man kann die Zunge flattern lassen, indem man ein rollendes R, das Zungen-R, versucht u. v. a. m.

suchen Sie einmal, zwischen einer »kussmäulchenartig« geschürzten Lippenstellung und einem breiten »Froschmaul« hin und her zu wechseln. Auch die Zunge kann auf vielfältige Weise mithelfen. Sie kann in Lippennähe schnell mit der Spitze vibrieren, sich gegen den harten Gaumen stemmen und sich von diesem wie beim Zungenschnalzen ruckartig lösen oder mit ihrem Rücken den Luftraum zum Gaumen hin spaltartig verengen. Sie kann auch zwischen den Zähnen hinauswandern und durch die Backentaschen kreisen u. v. a. m. Wenn Sie alle bisher beschriebenen Klangmodulationstechniken miteinander kombinieren, steht Ihnen schon ein relativ großes Repertoire zur Verfügung.

Stimmbandtechniken

Beherrschen Sie die Zirkuläratmung so gut, dass Sie diese für einige Minuten durchhalten können, ohne dabei allzu sehr außer Atem zu geraten, dann sollten Sie beginnen, Ihre Stimmbänder einzusetzen. Am besten versuchen Sie zunächst einmal, die Tonleiter hinauf und wieder herunter zu summen. Dabei werden Sie sehr deutlich merken, welche Töne Ihr Didgeridoo als Oberwellen favorisiert und welche nicht. Haben Sie diese Erfahrung erst einmal gemacht, dann können Sie die entsprechenden Töne direkt ansingen oder auch mit Ihrer klanglichen Umgebung gleitend verschleifen. Beides gibt interessante Toneffekte, besonders wenn Sie gleichzeitig den Atemstrom kurz verstärken und dann schlagartig wieder zurücknehmen. Auch hier gilt: Ohne Übung geht es nicht.

Gute Didgeridoo-Spieler singen aber nicht nur einfache Töne in das Rohr, sondern variieren auch die Stimme. Besonders leicht geht das, wenn man verschiedene Vokale summt: a, e, i, o, u und wieder zurück. Man kann aber auch Wörter in das Rohr singen, die sich, ohne das Lippentremolo zu beeinflussen, artikulieren lassen, wie »didgeridoo«, »didimoldi«, »umbudidaia«, »rotoru«, »ritoru« oder »didjamoo«. Dabei ergeben sich zugleich schöne rhythmische Klangbilder. Oder versuchen Sie es einmal mit der Folge »didgeridoo – didgeridoo – didgeri-didgeri-didgeridoo«, die Sie endlos wiederholen können, wobei Sie allmählich das Tempo steigern. Natürlich verlangt das schon etwas mehr Atem, den Sie – wie bereits erwähnt – durch längeres Üben erreichen können.

Haben Sie Bauchrednerfähigkeiten, dann können Sie auch ganze Texte durch das Rohr singen. Das Erstaunliche dabei ist, dass die Texte sogar weitgehend verständlich bleiben.

Beliebt ist es bei den Aborigines auch, Tierlaute durch das Rohr zu imitieren, z. B. das Heulen des Dingos, verschiedene Rufe australischer Wildvögel oder das rhythmische Hopsen von Kängurus. Manche Didgeridoo-Lehrer betrachten diese Laute sogar als eine Art unverzichtbares Standardrepertoire. Ich selbst halte mich allerdings lieber an die Erkenntnis des Aboriginesspielers David Hudson: »Es gibt für mich keinen

Das gezielte Anblasen des ersten Obertons ist besonders schwierig und dementsprechend selten zu hören. Auch in Australien praktizieren es nur wenige Stämme.

Grund, warum ich versuchen sollte, einen Wolf zu imitieren, den ich nicht kenne, denn in Australien gibt es keine Wölfe.« Warum also sollte ein Europäer es mit Dingogeheul versuchen? Ich versichere Ihnen: »Kuckuck«, das Kikeriki eines einheimischen Hahnes oder das unseren Ohren vertraute Hundegebell befriedigt einen europäischen Spieler weit mehr, wenn ihm gute Didgeridoo-Imitationen dieser Tierlaute gelingen. Und auch das gedehnte I-aaahh eines Esels kann recht überzeugend wirken.

Neben der Grundstimmung beeinflussen die Obertöne den Klang eines Didgeridoos maßgeblich. Nach unserem westlich-europäischen Empfinden sollte der zum Grundton gehörende Oberton eine Oktave umfassen. Das tut er aber beim Didgeridoo nicht. Je nach Form und Größe des Instruments liegt er etwas darunter oder erheblich darüber.

Der erste Oberton

Schließlich kann man noch versuchen, gezielt den ersten Oberton rein anzublasen. Das ist nicht einfach. Am leichtesten geht es, wenn man dazu die Zungenspitze gegen die hinteren Zähne presst und den Zungenrücken hochwölbt, während man zugleich den Atemstrom kurzzeitig kräftig verstärkt.

Lange halten sollte man diesen Oberton aber nicht, sondern ihn im rhythmischen Wechsel mit dem Grundton spielen.

»Kompositionen«

Nach zwei oder drei Monaten täglichen Übens werden Sie das Didgeridoo so gut beherrschen, dass Sie sich daranmachen können, selbst zu »komponieren«. Spätestens hier scheiden sich die Geister. Die einen werden versuchen, eindrucksvolle Klangbilderfolgen zu schaffen und so lange einzuüben, bis sie damit brillieren können; andere werden es lieber so halten wie der Torres-Strait-Insulaner und Dozent an der Universität von Newcastle in New South Wales, Mick Davison: »Beim Didgeridoo weiß ich grundsätzlich nicht, was ich spielen werde, bevor ich es wirklich spiele.«

Seine Auffassung mag zwar nicht zum virtuosen Spiel verhelfen, aber nur so wird das Didgeridoo zum spirituellen Führer. Es lehrt einen beschreiben und damit zugleich erkennen, was die eigene Seele erlebt, während man das Instrument spielt.

Literaturhinweise

Jones, Trevor A.: The Didjeridu, in: Studies in Music No. 1, 1967, Seite 23 bis 37.

Kayne, Peter: Divertisi suonando il Didjeridu degli Aborigini d'Australia. Cairns (Australien) 1997.

Molder, Sven: Das Didgeridoo der Australian Aboriginals. Grevenbroich 1994.

Neuenfeldt, Karl (Hrsg.): The Didjeridu: From Arnhemland to Internet. Sydney 1997.

Schellberg, Dirk: Didgeridoo – Das faszinierende Instrument der australischen Ureinwohner. Südergellersen 1993.

Strobel, Wolfgang: Das Didjeridu und seine Rolle in der Musiktherapie, in: Musiktherapeutische Umschau Nr. 13, 1992, Seite 279 bis 297.

Bezugsquellen

The Drone Company
Kirchstraße 8
D-52441 Linnich
Tel.: 02562-74713
Hier sind Eukalyptus-Didgeridoos in guter bis Spitzenqualität erhältlich. Der Inhaber Sven Molder fertigt auch sehr preisgünstige und qualitativ gute Anfängerinstrumente aus Riesen-Bärenklaustämmen. The Drone Company liefert alle in der Discografie genannten CD-Titel. Außerdem erteilt Sven Molder Didgeridoo-Unterricht.

Schlagwerk Klangobjekte
Bahnhofstraße 42
D-73333 Gingen/Fils
Tel.: 07162-6066
Die Firma Schlagwerk Klangobjekte fertigt neben zahlreichen anderen Klang- und Musiktherapieinstrumenten zweischalige Didgeridoos aus Hemlock- und Padouk-Holz mit zuverlässig gutem Klang in professioneller Konzertinstrumenten-Qualität. Auslieferung über den Musikinstrumenten-Fachhandel.

Impressum
© 1999 W. Ludwig
Buchverlag GmbH
in der Verlagshaus
Goethestraße GmbH &
Co.KG, München

Redaktion:
Brunhilde Thauer

Projektleitung:
Berit Hoffmann

Redaktionsleitung:
Dr. Reinhard Pietsch

Bildredaktion:
Gabriele Feld

Umschlag:
Till Eiden

DTP/Satz:
Der Buch*macher* Arthur
Lenner, München;
Irmi Putterer, München

Produktion:
Manfred Metzger

Druck:
Weber Offset, München

Bindung:
R. Oldenbourg, München

Gedruckt auf chlor- und
säurearmem Papier
Printed in Germany

ISBN 3-7787-3751-1

Über den Autor

Felix R. Paturi ist Naturwissenschaftler und Psychologe und machte sich seit 1970 mit rund 30 Sachbüchern und zahlreichen Fernsehbeiträgen einen Namen. Neben seiner Tätigkeit als Wissenschaftspublizist arbeitet er als freier Dozent an der Akademie der Union Deutscher Heilpraktiker in Hessen und als Leiter des von ihm ins Leben gerufenen Schamanenforums. Im Rahmen seiner schamanischen Aktivitäten befasste er sich u.a. mit dem australischen Klang- und Tranceinstrument Didgeridoo, das er auch selbst spielt.

Hinweis

Das vorliegende Buch ist sorgfältig erarbeitet worden. Dennoch erfolgen alle Angaben ohne Gewähr. Weder Autor noch Verlag können für eventuelle Schäden, die aus den im Buch gemachten Hinweisen resultieren, eine Haftung übernehmen.

Anmerkung der Redaktion

Diesem Buch liegt die im Juli 1996 in Wien beschlossene und seit 1.8.1998 verbindliche Neuregelung der deutschen Rechtschreibung zu Grunde.

Bildnachweis

AKG, Berlin: 22; all over, Kleve: 1, 9 (R. Grosskopf); Bavaria, München: 13 (Janicek), The Drone Company, Linnich: 7, 25, 64, 75, 90 (Sven Molder/Andreas Ulrich); epic, Sony Music Entertainment, Frankfurt: 27; Fotoarchiv, Essen: 60 (H. Christoph); Heidolph Theiss, Eching am Ammersee: 88; Image Bank, München: 53 (M. Romanelli), 57 (B. Martin); Interfoto, München: 51 (Karger-Decker); Bildarchiv Paturi, Rodenbach: 20, 36, 67, 73, 76, 84; Schlagwerk Klangobjekte, Gingen/Fils: 69; Superbild, München: 32 (M. Mothers), 39 (J. Jones), 82 (B. Ducke); Tony Stone, München: Titel/Fond (P. Tweedie), Titel/Einklinker (P. Souders), 10 (C. Ehlers); Transglobe, Hamburg: 48 (M. Stolt)

Register